JN115490

昭和末期～平成のバス大図鑑 第2巻
京成バス

加藤佳一（BJエディターズ）

葛西臨海公園駅をあとに東京ディズニーリゾート®に向かう「シャトル☆セブン」。専用車両で環七通りを急行運転している。

Contents

羽田空港発着の空港連絡バスなどを所轄する京成バス奥戸営業所。

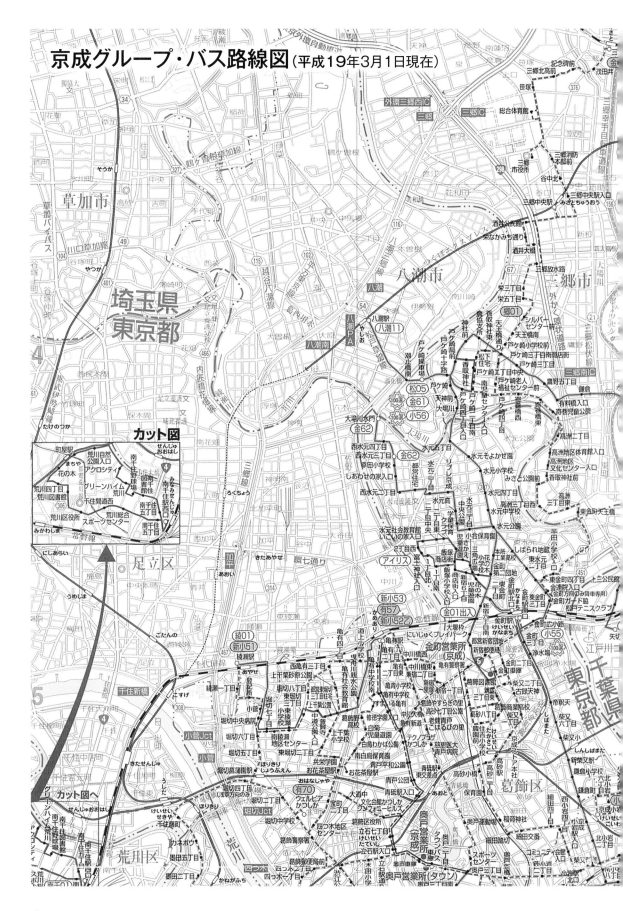

京成グループ・バス路線図（平成19年3月1日現在）

4

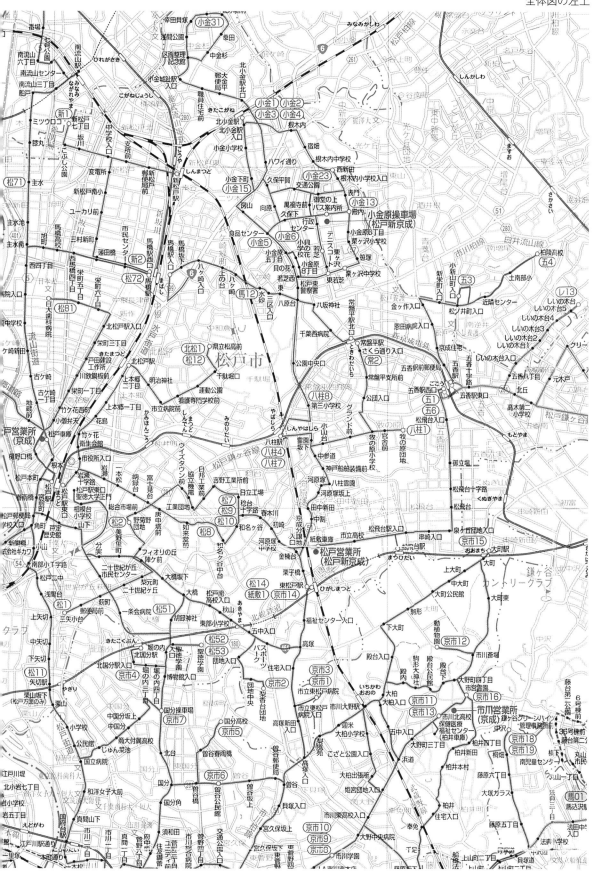

東京湾

三番瀬

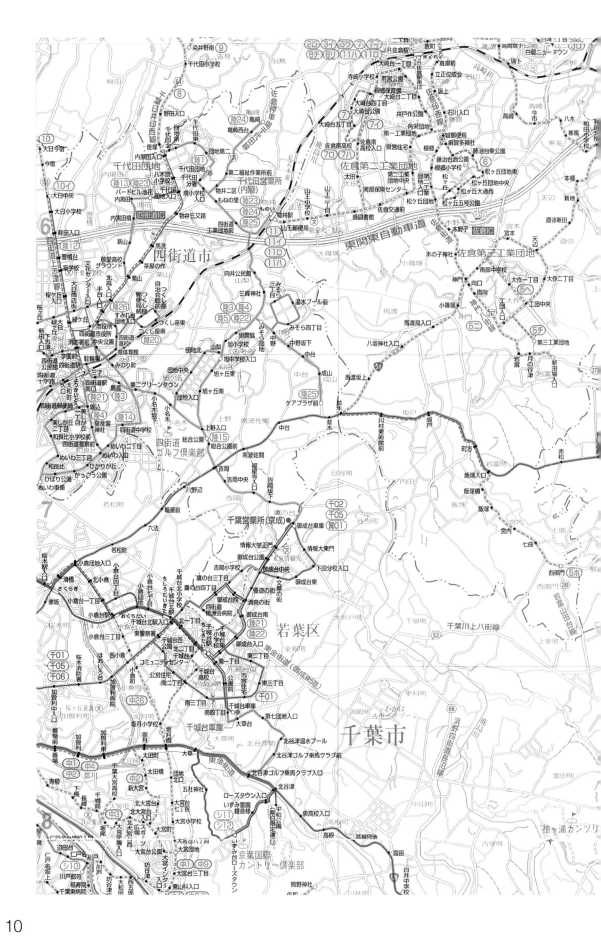

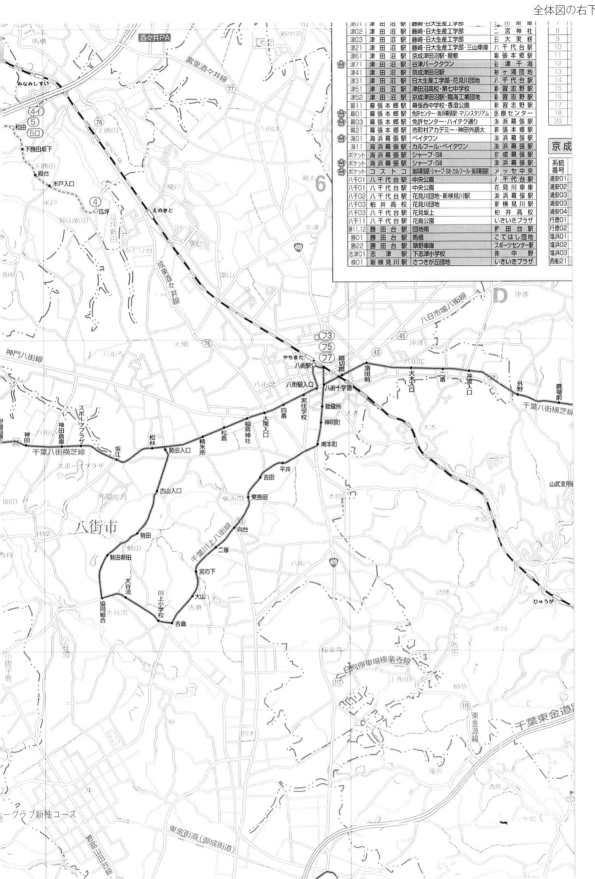

	津01	津 田 沼 駅	藤崎・日大生産工学部	シ		8
	津02	津 田 沼 駅	藤崎・日大生産工学部	二 宮 神 社		9
	津03	津 田 沼 駅	藤崎・日大生産工学部			10
	津21	津 田 沼 駅	藤崎・日大生産工学部・三山車庫	八 千 代 台 駅		11
	津61	津 田 沼 駅	京成津田沼駅・屋敷	菊 田 本 郷		12
	津71	津 田 沼 駅	谷津パークタウン	谷 津 干 潟		13
	津41	津 田 沼 駅	京成津田沼駅	神 ケ 浦 団 地		14
	津31	津 田 沼 駅	日大生産工学部・花見川団地	八 千 代 台 駅		15
	津51	津 田 沼 駅	津田沼高校・第七中学校	新 習 志 野 駅		16
	津52	津 田 沼 駅	京成津田沼駅・臨海工業団地	新 習 志 野 駅		17
	幕11	幕 張 本 郷 駅	幕張西中学校・香澄公園	新 習 志 野 駅		18
	幕01	幕 張 本 郷 駅	免許センター・海浜幕張駅・マリンスタジアム	医 療 センター		20
	幕03	幕 張 本 郷 駅	免許センター・ハイテク通り	海 浜 幕 張 駅		
	幕21	幕 張 本 郷 駅	市町村アカデミー・神田外語大	幕 張 本 郷 駅		
	幕01	海 浜 幕 張 駅	ベイタウン	海 浜 幕 張 駅		
	幕11	海 浜 幕 張 駅	カルフール・ベイタウン	海 浜 幕 張 駅		
	ポケット	海 浜 幕 張 駅	シャープ・SII	海 浜 幕 張 駅		
	ポケット	海 浜 幕 張 駅	シャープ・SII	海 浜 幕 張 駅		
	ポケット	コ ス ト コ	海浜幕張駅・シャープ・SII・カルフール・海浜幕張駅	メッセ 中 央		
	八千01	八 千 代 台 駅	中央公園	八 千 代 台 駅		
	八千01	八 千 代 台 駅	花見川団地・新検見川駅	花 見 川 車 庫		
	八千02	八 千 代 台 駅	花見川団地・新検見川駅	海 浜 幕 張 駅		
	八千03	柏 井 高 校	花見川団地	新 検 見 川 駅		
	八千03	八 千 代 台 駅	花見坂上	柏 井 高 校		
	八千11	八 千 代 台 駅	花島公園	いきいきプラザ		
	勝11,12	勝 田 台 駅	団地南	勝 田 台 駅		
	勝01	勝 田 台 駅	馬橋	こてはし団地		
	勝22	勝 田 台 駅	草野車庫	スポーツセンター駅		
	志津01	志 津 駅	下志津小学校	南 中 野		
	検01	新 検 見 川 駅	さつきが丘団地	いきいきプラザ		

京成
系統 番号
浦安01
浦安02
浦安03
浦安03
浦安04
行徳01
行徳02
塩浜01
塩浜02
塩浜03
西船21

11

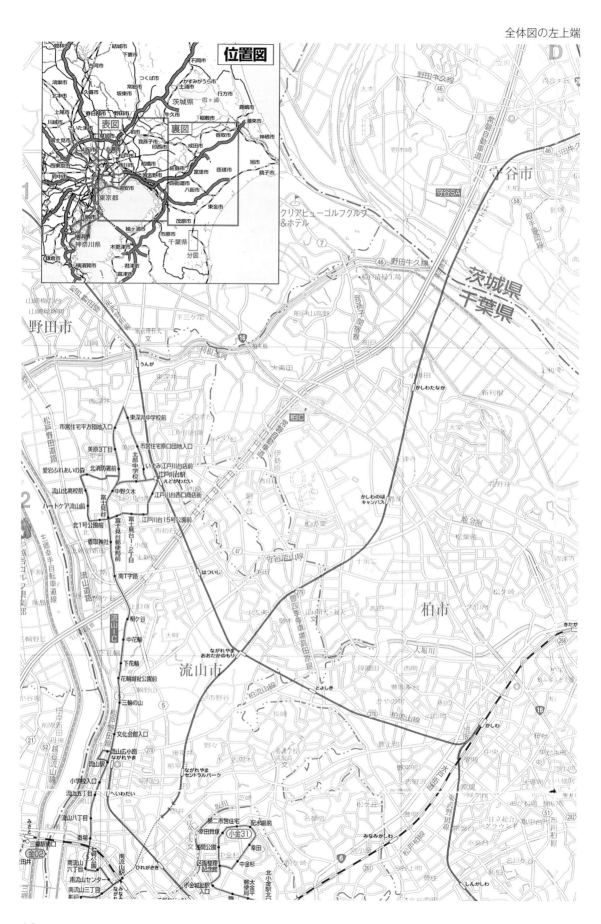

位置図

表図　裏図　分図

守谷市
守谷SA
クリアビューゴルフクラブ＆ホテル
茨城県
千葉県
野田牛久線

野田市

東深井中学校前
市営住宅平方団地入口
美原3丁目
市営住宅原口団地入口
愛宕ふれあいの森
北部中学校
北部防署前
いずみ江戸川台店前
江戸川台駅
えどがわだい
流山比高校前
中野久木
ハートケア流山前
富士見台
江戸川台西口商店街
北1号公園前
富士見台郵便局前
江戸川台15号公園前
香取神社
富士見台1・2丁目
南T字路
柏市
流山IC
柳ケ谷
中花輪
下花輪
流山市
花輪福祉公園前
ながれやま
おおたかのもり
三輪の山
柏流山線
柏流山線
文化会館入口
流山広小路
流山駅
ながれやま
ながれやまセントラルパーク
小学校入口
流山五丁目
へいわだい
流山六丁目
流山八丁目
第二市営住宅
幸田貝塚
小金31
三郷駅南口
金02
南流山駅
浅間公園
幸田
配水場前
南流山五丁目
南流山六丁目
南流山センター
中金杉
小金城趾駅入口
南流山三丁目
ひれがさき
小金城趾

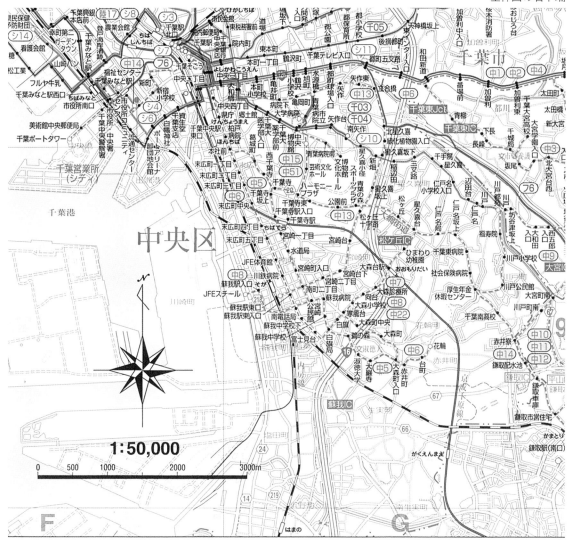

交通網図凡例

ＪＲ線	千葉中央バス	
私鉄線	船橋新京成バス	
モノレール・新交通システム	松戸新京成バス	
京成バス	習志野新京成バス	
京成タウンバス	船橋バス	
東京ベイシティ交通バス	銀座線	
京成トランジットバス	日比谷線	
市川ラインバス	東西線	(地上部)
ちばレインボーバス	千代田線	
千葉海浜交通バス	有楽町線	
千葉内陸バス	半蔵門線	
ちばシティバス	都営浅草線	
ちばグリーンバス	都営新宿線	
ちばフラワーバス	都営大江戸線	

昭和最後のころの車両たち

　筆者が初めて京成バスの車両撮影取材に臨んだのは、2002（平成14）年の春先のことである。当時は京成電鉄がバス事業を直営していたほか、その一部を営業所・車庫単位で継承したグループ会社7社がすでに営業していた。最古参車は1986（昭和61）年式で、「昭和58年排出ガス規制」適合のP-車であった。京成電鉄の社番は、営業所を示す数字またはアルファベットと3桁の固有番号の組み合わせで、営業所ごとに配置車両のメーカーが決められていた。グループ会社も同様の社番と配置車両のメーカーをおおむね引き継いでいた。

2289（いすゞ P-LV314L）

一般路線車はいすゞ・日野・三菱の3メーカー。2002年取材時のいすゞの最古参車は6QA2型エンジンの本型式である。社番の頭の「2」は市川所属車で、千葉県内は中扉が引戸だった。

E147（いすゞ P-LV314L改）

中間尺でIKCボディのP-車は取材時、1987年式3台、1988年式6台が残っていた。1988年式のうち3台は社番の頭が「E」の江戸川所属車で、都内では中扉に4枚折戸が採用されていた。

2272（いすゞ P-LV314L）

2002年の取材時、市川に1台だけ残っていた1986年式のいすゞ LV。富士5E型ボディが架装され、ワンロマ車に改造されていた。出入口表示が電照式なのは、この1986年式までであった。

E132（いすゞ P-LV314L改）

都内に配置されていた富士5E型の4枚折戸仕様。江戸川に4台、金町に3台、奥戸の一般路線を引き継いだ京成タウンバスに1台が残り、金町の8187はワンロマ車に改造されていた。

E143（いすゞ P-LV314改）

中間尺で富士5E型ボディのP-車のうち、江戸川に2台だけあった逆T字型窓仕様。貸切使用を考えたワンロマ車と思われるが、残念ながら車内を撮影しておらず詳細は不明である。

S282（いすゞ P-LV314L）

千葉県に配置されていたいすゞ LV＋富士5E型ボディの引戸仕様。1987・88年式は京成本体とグループ2社に11台が残っており、千葉営業所の5281はワンロマ車に改造されていた。

M283（いすゞ P-LV314N改）

花見川車庫に新製配置された3扉の長尺車。IKCボディのP-車は1988年式の1台が、市川営業所八幡車庫を継承した京成トランジットバスに移籍し、契約輸送用の貸切車となっていた。

N277（いすゞ P-LV314N改）

佐倉から長沼の所管に変わった花見川車庫の団地路線用として導入されていた3扉仕様の長尺車。2002年取材時の最古参は1987年式のN277・N278で、いずれも富士5E型ボディが架装されたいすゞLVのP-車だった。

S264（いすゞ P-LR312J）

1980年代の中型車はいすゞ車が主力。ジャーニーKのP-車は6BG1型エンジンの本型式。佐倉営業所を継承したちばグリーンバスのS264・S265は、冷房ユニットが室内分散型だった。

T127（いすゞ P-LR312J）

2002年の取材時には1987・88年式の本型式が19台在籍。このうち14台は前中扉で、左記の2台以外は屋根上に集中の冷房ユニットを持つ。タウンバスとシティバスに移籍した。

C101（いすゞ P-LR312J）

本型式のうち5台は、千葉県内の中型車のみに見られた前後扉仕様。いずれも千葉営業所新宿車庫を引き継いだちばシティバスに移籍し、前中扉の車両に交じって活躍していた。

N213（いすゞ P-MR112D）

長沼に1台だけ残っていた北村ボディのジャーニーQ。2002年の取材時には日野リエッセや三菱エアロミディMJといった7mタイプが導入されており、すでに予備車的な存在だった。

6452（日野P-RJ172BA）

中型の最古参はレインボーRJのP-車。前照灯2灯のフロントマスクが懐かしい。成東の路線を引き継いだちばフラワーバスで、1986年式の6447と1987年式の6452が使用されていた。

4420（日野P-HT235BA）

中間尺のブルーリボン。1987・88年式は30台あり、ちばフラワーバス、船橋の船尾車庫と松戸の白井車庫を引き継いだちばレインボーバスにも在籍した。4420はワンロマ改造車。

3666（三菱ふそうP-MP218M）

三菱製の大型路線車は1997年上期まで富士ボディが架装されていた。2002年の取材時には5E型の1987・88年式が計7台残っており、このうち3台はレインボーバスに移籍していた。

3668（三菱ふそうP-MK116J）

松戸に1台だけ残っていたエアロミディMKのP-車。6D15型エンジンを持ち、K-車と同型の角張った呉羽ボディが架装されている。千葉県内の中型車特有の前後扉仕様となっている。

S808（三菱ふそうP-MS725SA）

成田空港リムジンバス用として新製されたエアロバス。直結式冷房とフルエアブレーキを装備。P-車はグリーンバスに移籍して深夜急行バス用となった1台だけが在籍していた。

1989（平成元）年の車両

　1989（平成元）年は引き続き「昭和58年排出ガス規制」適合のP-車の導入が続けられた。路線車は中間尺の大型がほとんどで、いすゞ・三菱ふそうの富士ボディが7E型に変わっている。長尺・3扉の大型はいすゞ・日野製、中型は日野製がわずかながら採用された。高速車は東京駅〜鹿島神宮線用としていすゞスーパークルーザー、成田空港〜仙台線用として三菱エアロバス、TDL〜奈良線・TDL〜京都線・TDL〜大阪線用として三菱エアロクィーンMが新製されたが、2002年の取材時にはスーパークルーザーだけが活躍を続けていた。

4462（日野P-HT235BA）

引き続き導入された中間尺ブルーリボンHTのP-車。M10U型エンジンが搭載されている。29台が船橋・長沼に新製配置され、レインボーバスに1台、フラワーバスに2台が移籍した。

122（日野P-HT236BA）

2台導入された長尺・3扉・逆T字型窓のP-車。船橋からレインボーバスに移籍した。船橋と松戸の車両を引き継いだレインボーバスは、営業所記号のない3桁の社番を採用している。

221（三菱ふそうP-MP218M）

前年に続いて採用された富士ボディの三菱MP。ただし、いすゞ車と同じように、モデルチェンジされた7E型となった。8台が松戸に配置され、2台がレインボーバスに移籍した。

101（日野P-RJ172CA）

日野レインボーの1989年式はボディがフルモデルチェンジされたが、エンジンは引き続きH07C型が搭載されている。2002年の取材時にはレインボーバスの1台だけが確認できた。

C115（いすゞ P-LR312J）

1989年はいすゞジャーニー Kの一般路線車が新製されず、観光マスク・前扉・T字型窓の貸切車が1台だけ採用された。千葉からシティバスに移籍し、契約輸送に使用されていた。

8192（いすゞ P-LV314L改）

前年に続いて導入された中間尺LVのキュービック。都内の車両は4枚折戸の改造型式で、ボディスタイルは前年と同じである。9台が江戸川・金町・タウンバスで活躍していた。

E153（いすゞ P-LV314L改）

中間尺LVの富士ボディは1989年から7E型に変わり、ボディスタイルが一新されている。都内の車両は引き続き4枚折戸の改造型式で、江戸川に7台、金町に3台が配置されていた。

104（いすゞ P-LV314L）

引戸のキュービックは16台が京成本体と3社で活躍。104は八幡車庫の一部路線を継承した市川交通自動車（通称・市川ラインバス）に移り、営業所記号のない3桁の社番となった。

102（いすゞ P-LV314L）

引戸の富士ボディも7E型となり、スタイルが一新されている。京成本体の市川営業所、市川交通自動車、トランジットバス、シティバス、グリーンバスで16台が活躍していた。

N286（いすゞ P-LV314N改）

1989年は1台だけ採用されたいすゞLVの長尺3扉車。富士ボディが架装されたため、本型式では1台限りの7E型となっている。他の長尺車と同様、花見川所管の団地路線に運用された。

6202（いすゞ P-LV719R）

1989年に開業した東京駅～鹿島神宮線用として新製されたIKCボディのスーパークルーザー。後部トイレつきの42人乗り。新車の増備により、3台がフラワーバスに移籍した。

1025（いすゞ P-LV719R）

同じく東京駅～鹿島神宮線用として新製された富士R3型ボディのいすゞLV。後部トイレつきの52人乗り。2002年の取材時には1989年式1台と1990年式2台が奥戸に配置されていた。

S810（日産ディーゼルP-RA53TAE）

鹿島神宮線用でフルエアブレーキ仕様のスペースアロー RA。後部トイレつきの52人乗り。取材時には2台が奥戸、1台が深夜急行・貸切兼用車となってグリーンバスに在籍した。

S809（日産ディーゼルP-DA67UE）

京成電鉄では1996年まで貸切バスとして日産ディーゼル車を新製していた。このスペースウイングDAもその1台で、のちにグリーンバスの深夜急行・貸切兼用車に転用されている。

1990（平成2）年の車両

　1990（平成2）年も一部を除き、前年に続いてP-車が増備されている。一般路線用の大型は中間尺のいすゞ・日野・三菱ふそう製を導入。いすゞ製にはIKCと富士のボディがあり、都内には4枚折戸仕様が配置された。団地路線用には長尺のいすゞ製を1台だけ新製。狭隘・閑散路線用の中型は増備されていない。高速用は鹿島神宮線を所管する奥戸に富士ボディのいすゞLV、成田空港発着路線を所管する千葉に三菱エアロバスを新製配置。このうちいすゞLVの一部とエアロバスは、「平成元年排出ガス規制」適合のU-車となっている。

3300（三菱ふそうP-MP218M）

前年に続いて増備されて富士7E型ボディの三菱MP。9台が松戸に新製配置され、のちに1台がレインボーバスに移籍した。写真の3300は3691をワンロマ改造・改番した車両だった。

6456（日野P-HT235BA）

こちらも前年に続いて導入された中間尺のレインボーHT。17台が船橋、3台が長沼、2台が成東に配置され、のちに船橋の3台はレインボーバス、成東の2台はフラワーバスに移籍している。

4474（日野P-HT235BA）

1990年式のレインボーHTのうち、4474・4475は現在まで続く「ららぽーと」（当時は「船橋」、現在は「TOKYO-BAY」）の送迎輸送を行う貸切車に転用され、塗り替えられていた。

N296（いすゞ P-LV314N改）

1990年は1台だけ新製された長尺・3扉のキュービック。外観は1988年式と変わっていない。他の長尺LVと同じように花見川に配置され、収容力を生かして団地輸送に使用された。

M144（いすゞ P-LV314L）

前年に続いて増備された中間尺のキュービック。中扉が引戸の千葉県仕様は19台新製され、7台がトランジットバス、市川交通自動車、グリーンバス、シティバスに移籍した。

M131（いすゞ P-LV314L）

こちらも前年に続いて導入された中間尺で富士7E型ボディのLV。中扉が引戸の千葉県仕様は14台新製され、6台がトランジットバス、市川交通自動車、グリーンバスに移籍した。

E159（いすゞ P-LV314L改）

中間尺のキュービックのうち、中扉が4枚折戸で改造型式の都内仕様。LVのP-車はヂーゼル機器→ゼクセル製の室内分散型冷房を搭載。江戸川に5台、金町に1台配置されていた。

8101（いすゞ P-LV314L改）

中間尺で富士7E型ボディのLVのうち、中扉が4枚折戸で改造型式の都内仕様である。奥戸・江戸川・金町に計12台が新製配置され、奥戸の4台はのちにタウンバスに移籍している。

1029（いすゞ U-LV771R改）

1990年に初めて1台だけ採用されたいすゞLVのU-車。富士ボディがP-車のR3型から7M型に変わった。後部トイレつきの52人乗りで、東京駅および羽田空港発着路線に使用された。

5309（三菱ふそうU-MS726SA）

1990年に初めて3台導入された直結式冷房・フルエアブレーキのエアロバスのU-車。最前部の側窓が固定式に変更された。後部トイレつきの42人乗りで、成田空港発着路線に使用された。

1991(平成3)年の車両

　1991(平成3)年の新車はすべてU-車となった。一般路線用の大型は3メーカーの中間尺車を導入。P-車と同様、いすゞ製にはIKCと富士のボディ、4枚折戸と引戸がある。長尺3扉車は1台だけ増備。中型は少数ながら3メーカーが採用された。高速車は昼行用に富士ボディのいすゞLV、夜行用に三菱エアロクィーンMを増備。貸切車にもエアロクィーンMが導入された。なお、筆者が2回目に京成バスを取材したのは2008(平成20)年の春で、当時の最古参車は1991年式だった。このため、ここからは2008年の取材時の写真も紹介していく。

6470(日野U-RJ3HJAA)

1991年に初めて1台採用されたレインボーRJのU-車。前後扉の千葉県仕様で、スタイルはP-車の後期型と変わらないが、エンジンがH07D型となった。フラワーバスに移籍している。

C108(いすゞU-LR332J)

1991年に初めて2台導入されたジャーニーKのU-車。前後扉の千葉県仕様、冷房装置はゼクセル製で、6HE1型エンジンが搭載されている。千葉営業所からシティバスに移籍している。

301（いすゞU-LR332J）

「フルルガーデン八千代」の送迎輸送を行う貸切車として、2005年にレインボーバスに転入した富士6E型ボディのLR。小田急バスが路線車として1991年に新製したものである。

2402（日野U-RJ3HGAA）

市川に3台新製配置されたレインボーRJの短尺車。所管の中国分線に狭隘区間があるため、市川には常に短尺の中型車が配置されているが、日野車はこのグループが最後となった。

215（三菱ふそうU-MK117J改）

松戸に3台新製配置されたエアロミディMKのU-車。前後扉の千葉県仕様、冷房装置は三菱製で、6D16型エンジンが搭載されている。白井車庫からレインボーバスに移籍している。

N102（いすゞU-LV324N改）

1991年に1台だけ採用された長尺キュービックのU-車。3扉仕様、冷房装置はゼクセル製ビルトインタイプで、6QB2型エンジンが搭載されている。花見川で団地路線に使用された。

5120（いすゞU-LV324L）

1991年から導入が開始された中間尺キュービックのU-車。ボディは窓まわりを中心にモデルチェンジされている。中引戸仕様は6台新製され、1台がグリーンバスに移籍している。

M146（いすゞU-LV324L）

同じく1991年から登場した中間尺で富士7E型ボディのU-車。富士ボディはP-車と同じスタイルである。千葉県用の中引戸仕様は8台新製され、2台がトランジットバスに移籍した。

8105（いすゞU-LV324L改）

中間尺キュービックのU-車で、都内用の中扉4枚折戸仕様。冷房装置はゼクセル製のビルトインタイプが採用されている。8台が新製されたが、1台がタウンバスに移籍している。

E166（いすゞU-LV324L改）

中間尺で富士7E型ボディのU-車のうち、中扉が4枚折戸のグループ。ビルトインタイプの冷房装置が三菱車との相違点である。7台が新製されたが、1台はタウンバスに移籍した。

4005（日野U-HT2MMAA）

中間尺ブルーリボンHTのU-車。前面方向幕の左右が鉄板からガラスに変わっている。2001・4003〜4007とレインボーバスに転じた4500は、貸切色で契約輸送に使用されていた。

7401（日野U-HU3KPAA）

前扉・引き違い窓で高出力のK13U型エンジンが搭載されているブルーリボンHU。1991年に新製され、自家用登録されていた車両を2010年に引き継ぎ、貸切車として使用していた。

218（三菱ふそうU-MP218M）

1991年から導入された三菱MPのU-車。引き続き富士7E型ボディが架装され、屋根上の富士重工製冷房装置がいすゞ車との違い。10台新製され、1台がレインボーバスに移籍した。

M337（三菱ふそうU-MS729SA）

貸切バスとしてこの年4台採用された三菱エアロクィーンMのU-車。フルエアブレーキ仕様で、51人乗りのセミサロン。2台はトランジットバスで引き続き貸切バスとして活躍した。

H609（三菱ふそうU-MS729SA）

夜行高速車として1991年に2台新製されたエアロクィーンMのU-車。固定窓・フルエアブレーキ仕様で、中央トイレつきの28人乗り。1991年には金沢線・和歌山線が開業している。

1992(平成4)年の車両

　1992(平成4)年もU-車の増備が続き、一般路線車は中間尺の大型が3メーカー揃って新製された。いすゞ製にはIKCと富士のボディがあり、都内に4枚折戸仕様、千葉県内に引戸仕様が配置された点も変わらない。長尺の大型は、新たに開発された佐倉市のニュータウン輸送用として、いすゞ製の2台を採用。中型の増備は行われていない。高速車はいすゞ・三菱製を富士ボディ架装で採用。貸切車は日産ディーゼルスペースウイングと三菱エアロクィーンMが導入された。また契約貸切車として、1992年式のレインボーABがのちに転入している。

N594(日野U-HT2MMAA)

前年に続いて増備された中間尺のブルーリボンのU-車。16台新製されたが、1台がフラワーバス、3台がレインボーバスに移籍。レインボーバスの4809は貸切色の契約輸送用だった。

213(三菱ふそうU-MP218M)

前年に続いて導入された中間尺の富士7E型ボディを持つMPのU-車。ボディスタイルは前年の車両と同じである。この年の新製は4台にとどまり、1台がレインボーバスに移籍した。

S107（いすゞ U-LV324N改）

前年に引き続き採用された長尺・3扉のキュービックのU-車。佐倉市の染井野地区に開発されたニュータウン用として2台新製され、黒枠逆T字型窓と特別カラーでデビューした。

2913（いすゞ U-LV324L改）

中間尺のキュービックのU-車。この年から中引戸仕様も改造型式となった。5台新製され、2913・2914は貸切色の特定車。トランジットバスとグリーンバスに1台ずつ移籍した。

E173（いすゞ U-LV324L改）

同じく中間尺のキュービックのU-車で、都内に配置された中扉が4枚折戸のタイプ。側窓間の柱が黒色から灰色に変わった。9台が新製されたが、1台はタウンバスに移籍している。

M160（いすゞ U-LV324L改）

中間尺LVのU-車のうち、前中引戸の富士7E型ボディが架装されたグループ。スタイルは前年の車両と同じである。10台新製され、トランジットバスとグリーンバスに1台ずつ移籍。

E171（いすゞ U-LV324L改）

同じく中間尺で富士7E型ボディのU-車で、都内に配置された中扉が4枚折戸のグループ。冷房はゼクセル製のビルトインタイプである。金町に2台、江戸川に3台配置されていた。

6201（日産ディーゼルU-RA520RBL）

貸切バスに初めて1台採用されたスペースウイングのU-車。富士7S型ボディを持つ53人乗りのセミサロンである。フラワーバスに移籍して7720から6201に改番され、引き続き貸切バスとして使用されていた。

6302（三菱ふそうU-MS726SA）

羽田空港連絡バス用として3台新製された富士7M型ボディの高速車。後部トイレつきの42人乗りで、のちに1台が深夜急行バス、2台がフラワーバスの特急バスに転用されている。

7340（三菱ふそうU-MS729SA）

前年に続いて1台新製されたエアロクィーンMの貸切バス。51人乗りのセミサロンである。船橋貸切高速営業所の記号は2002年の取材時、高速車が「H」、貸切車が「7」だった。

4045（日野U-AB2WGAA）

船橋に配置されていたレインボーABのU-車。1992年に新製され、自家用登録のスクールバスだった車両を中古購入し、企業の送迎輸送用の特定車として使用していたものである。

1993（平成5）年の車両

　1993（平成5）年も引き続きU-車が導入されている。一般路線用は3メーカーの中間尺車が増備され、いすゞ製はIKCボディと富士ボディを並行して新製。都内用には中扉4枚折戸が踏襲されている。幕張新都心の成長に対応し、「カモメバス」カラーの日野製長尺3扉車を初めて採用。前年に続いて中型車は導入されていない。千葉～成東間の特急バスに三菱エアロバスのスタンダードデッカーが登場。貸切バスには日産ディーゼルスペースウイングとスペースアローが増備されたほか、初めて三菱ニューエアロバスが新製されている。

8116（いすゞ U-LV324L改）

前年に引き続き導入された中間尺のキュービックのU-車。このうち7台は前中4枚折戸の都内仕様である。金町と江戸川に3台ずつ配置され、1台はタウンバスに移って活躍していた。

T158（いすゞ U-LV324L改）

前年に続いて採用された中間尺の富士7E型ボディを持つU-車。このうち14台は前中4枚折戸仕様である。金町に5台、江戸川に6台あり、3台はタウンバスに移籍して活躍していた。

M804（いすゞ U-LV324L改）

中間尺のキュービックで、前中引戸の千葉県仕様のグループ。18台が新製されたが、1台が貸切色の特定車に転用され、3台がトランジットバス、2台がグリーンバスに移籍した。

S109（いすゞ U-LV324L改）

前年に引き続き導入された中間尺の富士7E型ボディ架装車で、前中引戸の千葉県仕様のグループ。17台が新製されたが、3台がグリーンバス、2台がシティバスに移籍している。

N597（日野U-HT2MMAA）

前年に引き続き増備された中間尺のブルーリボンHTのU-車である。前面窓下の左右にある通気口が大きくなっている。26台が新製されたが、2台がフラワーバスに移籍している。

210（三菱ふそうU-MP218M）

こちらも前年に続いて採用された中間尺の富士7E型ボディを持つMPのU-車。11台が松戸に新製配置され、3台がレインボーバスに移り、レインボーバスカラーに塗り替えられている。

4505（日野U-HT2MPAA）

幕張新都心の通勤輸送等を担うため、船橋に4台配置された長尺・3扉のブルーリボンHT。これまでの一般路線車と異なるライトブルーの「カモメバス」カラーをまとっている。

6313（三菱ふそうU-MS815S）

千葉～成東間の特急バス用に2台新製された8DC9型エンジンのスタンダードデッカー。乗客定員は60人。特急バスのフラワーバス移管とともに、この2台もフラワーバスに移籍した。

7345（三菱ふそうU-MS826P）

貸切バスに初めて採用されたニューエアロバス。8DC10型エンジンのハイデッカーである。1993年に7345～7347、1994年に7348・7350が登場した。乗客定員は54人となっている。

7721（日産ディーゼルU-RA530RBN）

前年の7720に続き貸切バスに1台導入されたスペースウイング。RF8型エンジンだった7720に対し、こちらは高出力のRG8型エンジンが搭載された。52人乗りのセミサロンである。

4722（日産ディーゼルU-RA520RBL）

貸切バスに初めて採用されたスペースアローのU-車。RF8型エンジンが搭載されている。乗客定員は60人で、のちにワンマン改造を受け、深夜急行バス専用車に転用されている。

1035（いすゞU-LV771R）

東京駅・羽田空港発着路線用の高速車。10PD1型エンジンが搭載され、富士7M型ボディを持つ。後部トイレつきの52人乗り。1991年に4台、1992年に1台、1993年に3台新製された。

1994（平成6）年の車両

　1994（平成6）年もU-車が導入されている。一般路線用の中間尺車の増備は少数にとどまり、いすゞキュービックにアイドリングストップ装置が試着された。長尺車は佐倉市のニュータウン用のキュービックを1台採用。幕張新都心に開設された茜浜車庫に日野ブルーリボンが21台新製配置された。また中型の日野レインボーが3台導入された。高速車の新製は見られず、特急車のエアロバススタンダードデッカーを1台増備。貸切車は三菱エアロクィーンが1台、三菱エアロバスと日産ディーゼルスペースアローが2台ずつ採用されている。

4528（日野U-HT2MPAA）

前年に続いて採用された「カモメバス」カラーの長尺ブルーリボン。幕張新都心に新設された船橋営業所茜浜車庫に21台新製配置され、前年度車とともに通勤輸送にあたった。

S114（いすゞU-LV324N改）

1992年に続いて採用された佐倉市のニュータウン路線用の長尺キュービック。黒枠逆T字型窓で、この路線のオリジナルカラーをまとう。2000年にグリーンバスに移籍している。

3328（三菱ふそうU-MP218M）

前年に引き続き導入された中間尺の富士7E型ボディを持つMPのU-車。この年の新製は3327・3328の2台だけにとどまり、3327は1998年に設立されたレインボーバスに移籍している。

8210（いすゞU-LV324L改）

前年に引き続き導入された中間尺のキュービックのU-車。前中4枚折戸の都内仕様は4台新製されている。このグループは試験的にアイドリングストップ装置が装着されている。

S115（いすゞU-LV324L改）

中間尺のキュービックのU-車で、前中引戸の千葉県仕様。こちらも4台新製され、のちに1台がグリーンバスに移籍した。試験的にアイドリングストップ装置が装着されている。

E185（いすゞU-LV324L改）

前年に引き続き導入された中間尺の富士7E型ボディを持つU-車。ゼクセル製ビルトインクーラーを持つ外観は前年の車両と同じである。前中4枚折戸の都内仕様は2台新製された。

5155（いすゞU-LV324L改）

中間尺の富士7E型ボディを持つU-車で、前中引戸の千葉県仕様。こちらもわずか2台の新製にとどまっている。富士ボディ架装車はアイドリングストップ装置が装着されていない。

7001（日野U-RJ3HJAA）

3年ぶりに3台新製された中型標準尺のレインボーRJのU-車。1台はシティバスに移籍した。シティバスは2000年の創業からしばらくの間、ピンク色のボディカラーを採用していた。

109（日野U-HT2MMAA）

前年に続いて増備された中間尺のブルーリボンHTのU-車。前面の通気口が大きいボディスタイルは前年の車両と同じである。4台だけ新製され、2台がレインボーバスに移籍した。

6315（三菱ふそうU-MS815S）

前年に続いて採用されたエアロバススタンダードデッカーのU-車。乗客定員は60人で、千葉〜成東間の特急バスに使用された。新製された翌年にフラワーバスに移籍している。

7723（日産ディーゼルU-RA520RBL）

前年に続いて採用されたスペースアローのU-車。富士7M型ボディを持つサブエンジン式冷房車。7723・7724の2台が貸切高速営業所に配置され、60人乗りの貸切車として活躍した。

1995（平成7）年の車両

　1995（平成7）年はU-車の最終導入年となった。一般路線用の中間尺車は3メーカーとも大量に増備。長尺のいすゞ車と日野車、中型の日野車も採用されている。高速バスは富士ボディのいすゞ車、三菱エアロバス・エアロクィーンを採用。貸切バスは日産ディーゼルスペースアロー、三菱エアロバス・エアロクィーンが導入された。また4月には成東営業所を引き継いだちばフラワーバスが営業を開始。同社で活躍を開始した日野レインボーと三菱エアロバスは、京成グループ初の「平成6年排出ガス規制」適合のKC-車となっている。

H611（三菱ふそうU-MS821PA）

高速バスに初めて採用されたエアロクィーンI。貸切バスと異なり、フルエアブレーキ仕様が選択されている。中央トイレつきの29人乗りで、2台が夜行路線で活躍を開始した。

5312（三菱ふそうU-MS826P）

高速バスに初めて採用されたニューエアロバス。先代のエアロバス同様、直結冷房仕様が選択されている。後部トイレつきの50人乗りで、1台が空港連絡路線で活躍を開始した。

7354（三菱ふそうU-MS821P）

1994・95年に2台新製された貸切バスのエアロクィーンⅠ。エンジンは新開発の8M20型で、複合ブレーキ仕様を選択。53人乗りのセミサロンで、貸切高速営業所に配置されていた。

7352（三菱ふそうU-MS826P）

1994年に7348・7350、1995年に7352・7353が新製された貸切用のエアロバス。高速バスと異なるサブエンジン式冷房車である。1994年式は54人乗り、1995年式は53人乗り。

6316（三菱ふそうKC-MS815S）

初めて登場したエアロバススタンダードデッカーのKC-車。エンジンはU-車と同じ8DC9型である。新製後まもなくフラワーバスが発足し、同社の特急バスとなって活躍を続けた。

1038（いすゞU-LV771R）

2年ぶりに新製された富士7M型ボディのいすゞLV。スイングドア・T字型窓・サブエンジン式の外装は1993年式と同一。後部トイレつき52人乗りの2台が高速バスに使用された。

208（三菱ふそうU-MP218M）

1995年は3329〜3337の9台が導入された中間尺の富士7E型ボディを持つMPのU-車。ボディスタイルは1994年式と同じ。3331・3332はレインボーバスに移籍して208・207となった。

108（日野U-HT2MPAA）

長尺・3扉のブルーリボンのU-車。1995年式のうちの1台は、船橋市内のニュータウン路線に運用された黒枠逆T字型窓仕様で、路線とともにレインボーバスに引き継がれている。

N425（日野U-HT2MPAA）

前年に続いて増備された長尺・3扉のブルーリボンのU-車。こちらは銀枠2段窓の一般路線用。4557は「カモメバス」カラー、N417〜N420・N425〜N429は一般路線カラーだった。

6466（日野U-HT2MMAA）

中間尺ブルーリボンHTのU-車の最終増備グループ。ボディスタイルは1994年式と変わっていない。26台と大量に新製され、4台がフラワーバス、2台がレインボーバスに移籍した。

C141（日野KC-RJ1JJAA）

成東営業所を引き継いで1995年に営業開始した、ちばフラワーバスが新製した前後扉仕様のレインボー RJ。グループ初登場となるKC-車である。のちにシティバスに移籍している。

4541（日野U-RJ3HJAA）

京成バスのほうのレインボー RJは、前年と同じU-車の増備が続けられている。ボディスタイルも同じく前後扉の千葉県仕様である。船橋に2台、長沼に1台が新製配置されている。

101（日野KC-RX4JFAA）

トップドアのリエッセ。新車であればグループ初のリエッセとなるところだが、レインボーバスが自家用登録車を中古購入したもの。契約輸送用の貸切車として使用されていた。

N120（いすゞU-LV324N改）

1995年は2台採用された長尺・3扉のキュービックのU-車。N120は銀枠2段窓で、花見川の団地路線用、S122は特別色・黒枠逆T字型窓で、佐倉→グリーンバスのニュータウン路線用。

8125（いすゞU-LV324L改）

1995年は17台導入された中間尺・前中4枚折戸のキュービックのU-車。このタイプの最終増備車となった。いずれも都内の路線で使用され、のちに2台がタウンバスに移籍している。

S118（いすゞU-LV324L改）

1995年は17台導入された中間尺・前中引戸のキュービックのU-車。のちに1台が契約輸送用の貸切バスに転用され、2台がグリーンバス、1台がトランジットバスに移籍している。

E193（いすゞU-LV324L改）

1995年は14台増備された中間尺・前中4枚折戸の富士ボディを持つLV。U-車としては最終グループである。いずれも都内の路線で使用され、のちに3台がタウンバスに移籍している。

S117（いすゞU-LV324L改）

1995年は12台増備された中間尺・前中引戸の富士ボディを持つLVのU-車。のちに1台が貸切バスに転用されたほか、3台がグリーンバス、1台がトランジットバスに移籍している。

1996（平成8）年の車両

　1996（平成8）年は4メーカーのKC-車が揃って導入された。一般路線用はいすゞの千葉県仕様が短尺となり、都内仕様と他メーカーは中間尺が踏襲された。長尺タイプの新製は行われていない。中型はフラワーバスが前後扉の日野車を増備、京成バスは都内に初めてワンステップバスを導入した。高速バスは富士7M型ボディのいすゞ車1台を直結冷房仕様で採用。特急バスはフラワーバスが三菱エアロバススタンダードデッカー1台を増備した。貸切バスは日産ディーゼルスペースアロー1台と三菱エアロクィーン3台が投入されている。

3343（三菱ふそうKC-MP217M）

1996年から採用された三菱MPのKC-車。エンジンが6D24型に変更されたが、引き続き富士7E型ボディを架装。富士重工製の冷房も変わっていない。松戸に5台が新製配置されている。

6431（日野KC-HT2MMCA）

初めて登場した標準尺ブルーリボンのKC-車。エンジンはU-車と同じM10U型だが、ヘッドライトが角形となった。京成バスが4台、フラワーバスが1台新製し、両者は同型である。

S125（いすゞ KC-LV380L）

いすゞの千葉県仕様はKC-車から短尺タイプとなった。エンジンはV8の8PE1型で、冷房はU-車と同じゼクセルのビルトインタイプ。5台新製され、1台がグリーンバスに移籍した。

S124（いすゞ KC-LV380L）

LV短尺タイプのKC-車のうち、富士7E型ボディが架装されたグループ。ゼクセル製のビルトインクーラーが三菱MPとの違い。こちらも5台新製され、1台がグリーンバスに移籍した。

E199（いすゞ KC-LV380N）

都内仕様のLVのKC-車は引き続き中間尺が選択された。中扉の4枚折戸も踏襲されている。このタイプには富士ボディ架装車はなく、キュービックが2台だけという希少車だった。

C170（いすゞ KC-LV380Q）

富士7E型ボディを持つLV長尺タイプのKC-車。京成グループの1社で、浦安市に路線を持つ東京ベイシティ交通が1996年に新製。シティバスが契約輸送用として3台を中古購入した。

C172（いすゞ KC-LV380Q）

長尺3扉のキュービックのKC-車。東京ベイシティ交通の1996年式の1台を、シティバスが契約輸送用として購入したもの。シティバスは2003年から青色のボディカラーとなった。

T172（いすゞKC-LR333J改）

この年から導入されたジャーニー KのKC-車。京成バス初のワンステップバスである。ボディはいすゞ製で、冷房装置はゼクセル製。2台が奥戸からタウンバスに移って活躍した。

C173（日野KC-RJ1JJAA）

前年に引き続きフラワーバスが1台新製したレインボー RJのKC-車。6402の車番がつけられたが、シティバスに移ってC173となり、塗り分けをそのままに紺色に変更されている。

1040（いすゞKC-LV781R）

1996年に初めて1台採用されたいすゞ製高速バスのKC-車。10PE1型エンジンが搭載されている。U-車と同じ富士7M型ボディだが、冷房は直結式。後部トイレつきの40人乗りである。

7727（日産ディーゼルKC-RA531RBN）

1996年に1台だけ新製されたスペースアローのKC-車。RG8型エンジンが搭載されている。後部トイレつき54人乗りの貸切車だったが、のちに高速車に転用されH727に改番されている。

6317（三菱ふそうKC-MS815S）

前年に引き続き特急バス用として1台導入されたエアロバススタンダードデッカー。乗客定員は60人。前年と異なりフラワーバスが新製したもので、側面表示幕を装備している。

H356（三菱ふそうKC-MS822P）

1996年に3台新製されたエアロクィーンⅠのKC-車。エンジンは8M21型。中央トイレつき42人乗りの高速兼用貸切車だったが、7355・7356は高速専用車のH355・H356となった。

7301（三菱ふそうKC-BE438E）

契約輸送用の貸切バスとして、この年2台が新製されたローザ。折戸仕様で銀枠引き違い窓のショートボディである。エンジンは4D35型で、前後輪ともリーフサスとなっている。

7004（トヨタKC-HZB40）

契約輸送用の貸切バスとして、自家用登録の1996年式のトヨタコースターを中古購入したもの。1HZ型エンジンを装備したスイングドア・銀枠引き違い窓の標準ボディである。

1997（平成9）年の車両

　1997（平成9）年も引き続きKC-車が導入されている。一般路線用の大型は、都内に標準尺のいすゞ車、千葉県内に短尺のいすゞ車と標準尺の日野・三菱車、千葉県の団地路線に中間尺で3扉のいすゞ車を新製。初めて大型ワンステップバスが登場し、日野車にエアサス仕様、三菱車にニューエアロスターが採用された。中型は都内にいすゞ、千葉県内に日野のワンステップバスを増備。フラワーバスはツーステップバスの採用を続けた。高速バスには富士ボディのいすゞ車と三菱エアロバスを導入。貸切バスの増備は行われなかった。

T173（いすゞ KC-LR333J改）

ジャーニーKワンステップバスで、側窓が黒色サッシとなった。2台がタウンバスに移って活躍。なお、ワンステップバスは中型・大型ともアイドリングストップ装置つきである。

M195（いすゞ KC-LV380L改）

1997年下期に登場した短尺キュービックのワンステップバス。黒枠逆T字型窓が採用され、千葉県内も4枚折戸仕様に変更された。市川に4台配置され、1台がトランジットバスに移籍した。

M192（いすゞ KC-LV380L）

1997年上期に導入された短尺キュービックのツーステップバス。こちらは銀枠2段窓と中引戸が踏襲されている。市川・千葉に3台が配置され、1台がトランジットバスに移籍した。

S127（いすゞ KC-LV380L）

1997年上期に導入された短尺タイプ・富士ボディのLVツーステップバス。2台のうち1台がグリーンバスに移籍。なお、1996年式の富士ボディ短尺車にワンステップバスはない。

N126（いすゞ KC-LV380N）

花見川の団地路線に1台投入された3扉のキュービック。3扉車はU-車の長尺（WB5500mm）から中間尺（WB5300mm）に変更された。アイドリングストップ装置が装着されている。

8135（いすゞ KC-LV380N改）

初めて登場した中間尺LVの富士7E型ボディを持つワンステップバス。黒枠逆T字型窓と4枚折戸を採用。金町と長沼に2台ずつ配置され、以後は団地路線用も前中4枚折戸となった。

6403（日野KC-RJ1JJAA）

フラワーバスが前年に続いて1台増備したレインボーRJツーステップバス。この年から京成バスのRJはワンステップバスとなったため、フラワーバスだけに見られる型式となった。

4574（日野KC-RJ1JJCK）

初めて登場したレインボーRJワンステップバス。黒枠逆T字型窓と4枚折戸を採用。一般路線カラーと「カモメバス」カラーが2台ずつ新製され、前者はレインボーバスに移籍した。

C143（日野KC-RJ1JJCK）

シティバスに1台だけ在籍したレインボーRJワンステップバスの銀枠2段窓タイプ。千葉海浜交通が1997年に新製した車両を中古購入したため、京成バスの仕様とは異なっている。

2412（日野KC-HT2MMCA）

前年に引き続き増備された中間尺ブルーリボンHTのKC-車。船橋に4台新製配置されたが、写真は市川に移った2412の姿。2003年以降、在来車にもLED改造が施されるようになった。

4566（日野KC-HT2MMCA）

前ページの2412が新製されたときの姿。1997年に登場した4563〜4566のうち、4565・4566はアイドリングストップ装置つきで、前面に低公害車のハートマークが貼られていた。

N433（日野KC-HU2MMCA）

1997年下期に導入された中間尺ブルーリボンHUのKC-車。前中4枚折戸・黒枠逆T字型窓のワンステップバスで、他メーカーと異なりエアサス仕様となった。10台が新製されている。

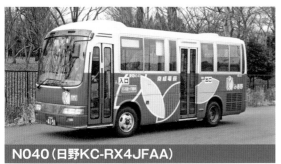

N040（日野KC-RX4JFAA）

1997年に初めて1台だけ採用されたリエッセ。翌年新製された同型のN041とともに、長沼に貸切車として配置され、み春野の住宅地を開発した野村不動産の委託路線に使用された。

2301（三菱ふそうKC-BE449F）

契約輸送用の貸切車として、市川に1台だけ新製配置されたローザ。スイングドア・黒枠引き違い窓のロングボディ。エンジンは4D34型で、前輪独立懸架・後輪リーフサスである。

3347（三菱ふそうKC-MP217M）

前年に続いて導入されたMPのKC-車。前年の車両と同型の富士7E型ボディが架装され、松戸に4台が配置された。同営業所に長年配置されてきた三菱+富士の最終グループとなった。

3350（三菱ふそうKC-MP317M）

初めて登場したニューエアロスター。前中4枚折戸・黒枠逆T字型窓のワンステップバスだが、引き続きリーフサスとなった。野田ナンバー1・2をつけた2台が松戸に配置された。

1041（いすゞKC-LV781R）

前年に引き続き1台導入されたいすゞ製高速バスのKC-車。前年と同じ富士7M型ボディが架装されたが、冷房がサブエンジン式に変更された。後部トイレつきの52人乗りである。

5313（三菱ふそうKC-MS829P）

1997年に初めて採用されたエアロバスのKC-車。8DC11型エンジンが搭載されている。直結冷房仕様の5313〜5319が千葉に配置され、成田空港発着の高速バス路線で活躍を開始した。

1998(平成10)年の車両

　1998(平成10)年も引き続きKC-車が導入されている。一般路線車は大型・中型ともアイドリングストップ装置つきのワンステップバスを採用。大型は千葉県内のいすゞ車に短尺、その他に中間尺が選択されている。都内には初めていすゞのノンステップバスが登場。幕張新都心にはボルボ＋富士7E型ボディの連節バスが導入された。高速バスのいすゞ車は富士7M型に加え、初めてガーラを採用。三菱エアロバスも増備されている。なお、6月には船橋営業所船尾車庫と松戸営業所白井車庫を引き継いで、ちばレインボーバスが営業を開始した。

4814（ボルボK-B10M改）

幕張新都心における大量輸送の切り札として、茜浜車庫に10台配置された連節バス。エンジンはアンダーフロアのボルボDH10型、ボディは富士7E型をベースにしたものである。

8140（いすゞLV832N）

京成電鉄初のノンステップバスとして、金町と江戸川に2台ずつ配置されたキュービック。エンジンは6HE1型で、ZF社製のATを装備。前扉・中扉ともグライドスライドドアである。

5174（いすゞ KC-LV380L改）

前年に引き続き千葉県内に投入された短尺キュービックのワンステップバス。アイドリングストップ装置が装着されている。11台が新製され、1台がグリーンバスに移籍した。

M206（いすゞ KC-LV380L改）

1998年に初めて採用されたいすゞ＋富士7E型ボディの短尺ワンステップバス。アイドリングストップ装置が装着されている。5台が新製され、1台がトランジットバスに移籍した。

8212（いすゞ KC-LV380N改）

1998年に初めて登場したキュービックの中間尺ワンステップバスのKC-車。ゼクセル製の冷房ユニットが屋根上に設置された。2台が江戸川に配置され、1台が金町に転属している。

8139（いすゞ KC-LV380N改）

前年に引き続き導入されたいすゞ＋富士7E型ボディの中間尺ワンステップバス。長沼に4台、金町に1台配置されたが、都内ではこの車両以降、ノンステップバスに変更されている。

107（いすゞ KC-LR333J改）

前年に続いて増備されたジャーニーKのワンステップバス。前年と同じく黒色サッシが採用されている。4台が新製され、1台が市川交通自動車、2台がシティバスに移籍した。

T178（いすゞ KC-LR333J改）

1998年に初めて採用されたいすゞ＋富士8E型ボディのワンステップバス。5台が新製され、4台がタウンバス、1台がシティバスに移籍。T177・T178は側面表示幕が前扉の隣だった。

2212（いすゞ KC-LR333F改）

1998年に1台だけ新製されたジャーニーKの短尺ワンステップバス。標準尺車と異なり、中扉が引戸である。市川に配置され、路線の中に狭隘区間がある中国分線に使用されていた。

N701（日産ディーゼルKC-RN210CSN）

1998年に1台だけ採用された中型7m尺の日産ディーゼル製ワンステップバス。京成電鉄の路線車としては異色の日産ディーゼル車で、八千代市のコミュニティバスとして活躍した。

3354（三菱ふそうKC-MP317M）

前年に引き続き導入された中間尺のエアロスターワンステップバス。前年の車両と同じ前中4枚折戸・黒枠逆T字型窓で、アイドリングストップ装置つき。松戸に4台が配置された。

201（三菱ふそうKC-MK219J改）

1998年に初めて採用されたエアロミディMKのワンステップバス。2台が松戸に新製配置され、いずれもレインボーバスに移籍したが、201は契約輸送用の貸切バスとして活躍した。

5600（三菱ふそうKC-MJ218F改）

1998年には中型7m尺のエアロミディMJワンステップバスが7台新製された。このうち千葉に配置された5600は、千葉市若葉区のコミュニティバス「さらしなバス」に使用された。

N030（三菱ふそうKC-MJ218F改）

長沼に配置されたエアロミディMJワンステップバスはN030～N032。集合住宅を建設した鹿島の委託により、新検見川駅～花見川区役所間に開設された瑞穂の杜線に使用された。

206（三菱ふそうKC-MJ218F改）

1998年に営業を開始したちばレインボーバスは、船尾車庫の日野車と白井車庫の三菱車を引き継ぐ一方、エアロミディMJワンステップバスの202・203・206を新車購入している。

8041（日野KC-RX4JFAA）

前年に続いて1台新製されたリエッセ。契約貸切車として野村不動産の委託路線に使用されたが、この路線の運行が終了すると、1997年式のN040はシティバス、N041は金町に転属した。

6405（日野KC-RJ1JJAA）

フラワーバスが1995年から導入しているレインボーRJツーステップバスで、1998年は6404～6406の3台が増備されている。京成電鉄には見られないフラワーバスだけの車種である。

N446（日野KC-HU2MMCA）

前年に引き続き投入された中間尺のブルーリボンHUワンステップバス。冷房がビルトインタイプになった。船橋と長沼に計10台が配置され、のちに4台がシティバスに移籍した。

4043（日野KC-HT2MMCA）

前年に引き続き導入された中間尺のブルーリボンHTツーステップバス。冷房装置がビルトインタイプに変更された。船橋に4台が配置され、貸切カラーで契約輸送に使用された。

KS6358（三菱ふそうKC-MM822H）

貸切高速営業所に2台新製配置されたエアロバスMM。27人乗りセミサロンの貸切車である。貸切高速営業所を引き継いで2005年に営業を開始した京成バスシステムに移籍している。

C320（三菱ふそうKC-MS829P）

前年に続いて高速バスとして導入されたエアロバス。前年の車両と同じ直結式冷房を装備し、後部トイレつきの50人乗りである。3台が新製され、5320はシティバスのC320となった。

1043（いすゞKC-LV781R）

前年に引き続き増備された富士7M型ボディを持ついすゞ製高速バス。後部トイレつきの52人乗りである。奥戸に5台が配置され、東京駅や羽田空港発着路線に使用されていた。

1048（いすゞKC-LV781R1）

初めて登場したガーラⅠ。エンジンは10PE1型で、冷房装置はサブエンジン式。後部トイレつき53人乗りの高速バスである。2台が東京駅や羽田空港発着路線に使用されていた。

1999（平成11）年の車両

　1999（平成11）年も前年に続いてKC-車が増備された。大型路線車はワンステップバスが主力で、千葉県一般路線のいすゞが短尺、その他が中間尺である。都内ではいすゞのノンステップバスの投入が続き、松戸には三菱のノンステップバスが初めて登場した。中型路線車はいすゞ・日野・三菱のワンステップバスが採用された。フラワーバスが特急バス用のエアロバススタンダードデッカーを増備。高速車は奥戸にいすゞガーラと富士7M型ボディ架装車、千葉に三菱エアロバスが導入された。貸切車にもエアロバスが新製されている。

3359（三菱ふそうKC-MP747M）

初めて登場したエアロスターノンステップバス。ワンステップバスと同じ6D24型エンジンを装備し、中間尺が選択されている。3359が松戸に配置されたのみの希少車となった。

3358（三菱ふそうKC-MP317M）

前年に続いて採用されたエアロスターワンステップバス。ただし、こちらもこの年は1台だけだった。エアロスターは屋根上に三菱のパッケージタイプのクーラーを装備している。

8145（いすゞ KC-LV832N）

前年に続いて導入されたキュービックノンステップバス。この年から中扉が引戸に変更されている。金町に3台、江戸川に5台、そして初めて千葉県下の長沼に1台が配置された。

N134（いすゞ KC-LV380N改）

前年に引き続き導入されたいすゞ＋富士7E型ボディの中間尺ワンステップバス。この年はいすゞボディ架装車の新製がなく、富士ボディ架装の1台のみ。のちにLED改造が行われている。

5178（いすゞ KC-LV380L改）

前年に続いて導入されたキュービックの短尺ワンステップバス。ボディスタイルは前年度の車両と変わっておらず、リーフサス仕様も踏襲されている。1台だけ千葉に配置された。

2217（いすゞ KC-LV380L改）

こちらも前年に続いて採用されたいすゞ＋富士7E型ボディの短尺ワンステップバス。冷房装置はいすゞボディ架装車と同じゼクセル製。市川に3台、千葉に2台が新製配置された。

6102（いすゞ KK-NPR71LZ）

西日本車体工業がいすゞエルフをベースに開発した小型ワンステップバス「プレビス」。フラワーバスが2台を導入し、八街市コミュニティバス「ふれあいバス」に使用していた。

T179（いすゞ KC-LR333J改）

前年に引き続き増備されたジャーニーKワンステップバス。黒色サッシ車は8台あり、そのうち6台はこのスタイル。タウンバス、シティバス、市川交通自動車に移って活躍した。

T184（いすゞ KC-LR333J改）

こちらもジャーニーKワンステップバスの黒色サッシ車。ただしタウンバスに移籍したT184・T185は側面方向幕が前扉の隣にあり、前乗り中降りを考慮した都内仕様になっていた。

S135（いすゞ KC-LR333J改）

側面表示幕が中扉の隣にあるジャーニーKワンステップバスで、この1台だけが銀色サッシだった。佐倉営業所田町車庫に配置され、翌年に営業開始したグリーンバスに引き継がれた。

S138（いすゞ KC-LR333J改）

前年に引き続き増備されたいすゞ＋富士8E型ボディのワンステップバス。側面方向幕が中扉の隣にある仕様は5台新製され、京成電鉄のほかシティバスとグリーンバスで活躍した。

T182（いすゞ KC-LR333J改）

こちらもいすゞ＋富士8E型ボディのワンステップバスだが、側面方向幕が前扉の隣にある都内仕様である。奥戸に3台が新製配置され、タウンバスに引き継がれ使用されていた。

3357（三菱ふそうKC-MK219J改）

前年に引き続き導入されたエアロミディMKのワンステップバス。冷房装置は三菱製で、スタイルは前年の車両と同じである。3台が松戸に配置され、のちにシティバスに移籍した。

N452（日野KC-RJ1JJCK）

1997年に続いて採用されたレインボーRJのワンステップバス。冷房装置はデンソー製で、ボディスタイルは1997年の車両と変わらない。4台が長沼所管の狭隘路線で使用されていた。

127（日野KK-RX4JFEA）

日野リエッセはこの年からいち早くKK-車となった。分社化されたばかりのレインボーバスが1台を新車購入している。松戸営業所の所管だった白井車庫の閑散路線に使用された。

6432（日野KC-HT2MMCA）

フラワーバスが1台新車購入した中間尺のブルーリボンHTツーステップバス。デンソー製のビルトインタイプの冷房装置が搭載されている。千葉駅発着路線を中心に使用された。

N448（日野KC-HU2MMCA）

前年に引き続き導入された中間尺のブルーリボンHUワンステップバス。前年の車両と同じデンソー製のビルトインタイプの冷房を装備。この年は2台だけ長沼に配置されている。

KS7401（日野KC-HT2MLCA）

京成バスシステムに1台在籍した短尺のブルーリボンHTツーステップバス。日立パーツシステムズが1999年に自家用登録した車両を引き継ぎ、引き続き同社の契約輸送に使用した。

1053（いすゞ KC-LV781R1）

前年に続いて3台採用されたガーラI。サブエンジン式の冷房を装備する。後部トイレつき53人乗りの高速車である。なお、この年には富士7M型ボディ架装車も1台購入している。

6318（三菱ふそうKC-MS815S）

フラワーバスが3年ぶりに1台購入したエアロバススタンダードデッカー。ボディメーカーが名古屋の三菱から富山のMBMに変わっている。乗客定員60人で、特急バスに使用された。

5325（三菱ふそうKC-MS829P）

前年に引き続き3台導入されたエアロバス。直結式の冷房を装備。ボディメーカーが三菱からMBMに変わったが、スタイルに変化は見られない。後部トイレつきの50人乗りである。

KS6360（三菱ふそうKC-MP829P）

同じくエアロバスだが、サブエンジン式の冷房を装備する貸切バス。53人乗りのセミサロンである。7360として貸切高速営業所に配置され、のちに京成バスシステムに移籍した。

2000（平成12）年の車両

　2000（平成12）年は中型の「平成10年排出ガス規制」に適合したKK-車、大型の「平成11年排出ガス規制」に適合したKL-車の導入が本格的に始まっている。路線車ではいすゞエルガ・エルガミオ、日野ブルーリボンシティ・レインボーHRを初めて採用。久しぶりに日野の長尺ワンステップバスが4枚折戸で投入された。また高速車のいすゞガーラと三菱エアロバスにもKL-車が登場した。なお、1月には千葉営業所新宿車庫を引き継いだちばシティバス、2月には佐倉営業所田町車庫を引き継いだちばグリーンバスが営業を開始している。

E108（いすゞ KL-LV834N1）

初めて登場した中間尺のエルガノンステップバス。直6の6HK1型エンジンとZF社製のATを組み合わせたtype-Bで、ゼクセル製の冷房が搭載されている。江戸川に1台だけ配置された。

N140（いすゞ KL-LV380N1）

同じく初めて導入された中間尺のエルガワンステップバス。V8の8PE1型エンジンが搭載されたMT車。中扉に4枚折戸が採用されている。団地路線を所管する花見川に2台配置された。

8148（いすゞ KC-LV832N）

前年に続いて採用された中間尺のキュービックノンステップバス。6HE1型エンジン＋ZF社製ATの組み合わせは前年までの車両と同じである。江戸川と金町に1台ずつ配置された。

2221（いすゞ KC-LV380L改）

前年に続いて増備されたいすゞ＋富士7E型ボディの短尺ワンステップバス。市川に２台配置された。2000年は短尺・中間尺とも、キュービックのワンステップバスは新製されていない。

T187（いすゞ KK-LR233J1改）

2000年に初めて登場したエルガミオノンステップバス。側面方向幕は都内の６台が前扉の隣、市川の１台が戸袋の隣にある。都内仕様のうち４台は翌年、タウンバスに移籍している。

6433（日野KC-HT2MMCA）

フラワーバスが引き続き採用した中間尺のブルーリボンHTツーステップバス。京成電鉄ではワンステップが標準仕様となっており、本型式はフラワーバスだけが増備を続けた。

4578（日野KC-HU2MMCA）

前年に続いて導入された中間尺のブルーリボンHUワンステップバス。デンソー製のビルトインクーラーを装備している。船橋に１台だけ配置され、のちに契約輸送に転用された。

N455（日野KL-HU2PREA改）

団地輸送用の新鋭車両として、長沼に２台配置された長尺のブルーリボンシティワンステップバス。新開発のP11C型エンジンとデンソー製のビルトインタイプの冷房を装備する。

4579（日野KL-HU2PMEA）

初めて登場した中間尺のブルーリボンシティワンステップバス。エンジンはP11C型、冷房はデンソー製のビルトインタイプ、中扉は4枚折戸である。船橋に2台が配置されている。

6434（日野KL-HU2PMEA）

フラワーバスが1台だけ採用したブルーリボンシティツーステップバス。最後のツーステップの路線車で、ツーステップのブルーリボンシティは全国的に見ても珍しい存在である。

6408（日野KK-RJ1JJGA）

フラワーバスが2台導入したレインボーRJツーステップバスのKK-車。KC-車の前後扉仕様を踏襲したKK-車で、こちらもフラワーバスだけに在籍。全国的にも多くない車種である。

4581（日野KK-HR1JKEE）

初めて登場した9m尺のレインボーHRノンステップバス。ワンステップバスと同じJ08C型エンジンを装備する。船橋に1台配置されたが、側面表示器は前扉の隣に設置されている。

4583（日野KK-HR1JEEE）

茜浜車庫に3台が新製配置された7m尺のレインボーHRノンステップバス。「カモメバス」カラーをアレンジしたデザインで、幕張新都心回遊線「ポケットバス」に使用されていた。

129（日野KK-HR1JEEE）

こちらはレインボーバスが自社発注した7m尺のレインボーHRノンステップバス。京成電鉄の車両とは側面方向幕の形状が異なる。貸切車として登録され、契約輸送に使用された。

128（日野KK-RX4JFEA）

レインボーバスが前年に引き続き購入した前中扉のリエッセ。ボディスタイルは前年の車両と変わっていない。松戸営業所の所管だった白井車庫の閑散路線に使用されていた。

7303（三菱ふそうKK-BE63EG）

契約輸送用として初めて採用されたローザロングボディのKK-車である。エンジンは4M51型で、前後輪ともリーフサス。高速貸切営業所から京成バスシステムに移籍している。

230（三菱ふそうKK-MK23HH改）

レインボーバスが3台を新車購入したエアロミディ MKワンス
テップバスのKK-車。エンジンは新開発の6M61型となったが、
前中4枚折戸のボディスタイルはKC-車を踏襲している。

3360（三菱ふそうKL-MP33JM）

2000年に初めて登場したエアロスターワンステップバスのKL-
車。エンジンは新開発の6M70型となったが、前中4枚折戸の
スタイルとリーフサスは踏襲された。松戸に1台配置された。

1057（いすゞKC-LV781R1）

前年に引き続き増備されたガーラ I のKC-車。スイングドア・T
字型窓のボディにサブエンジン式の冷房を装備。後部トイレつ
き53人乗りの高速車として奥戸に1台配置された。

1059（いすゞKC-LV781R1）

前年に続いて導入されたいすゞ＋富士7M型ボディのKC-車。ス
イングドア・T字型窓で、サブエンジン式の冷房を装備。後部
トイレつき53人乗りの高速車が奥戸に4台在籍した。

1060（いすゞKL-LV781R2）

2000年に初めて採用されたガーラHDのKL-車。エンジンは
KC-車と同じ10PE1型で、サブエンジン式の冷房を装備する。
後部トイレつき53人乗りの高速車として奥戸に1台配置された。

KS6361（三菱ふそうKC-MS829P）

前年に引き続き導入されたサブエンジン式冷房装置のエアロバ
ス。53人乗りセミサロンの貸切車である。7361として貸切高
速営業所に配置され、京成バスシステムに移籍した。

5626（三菱ふそうKC-MS829P）

前年に引き続き増備された直結式冷房装置のエアロバス。後部
トイレつき50人乗りの高速車。5326・5327が千葉に配置さ
れたが、前者は5626、後者は転属してH327になっている。

H613（三菱ふそうKL-MS86MP）

2000年に初めて採用されたエアロバスのKL-車。エンジンは
8M21型で、サブエンジン式の冷房を装備している。後部トイ
レつき50人乗りの高速車として貸切高速営業所に配置された。

2001（平成13）年の車両

　2001（平成13）年も大型のKL-車と中型のKK-車が増備された。一般路線車は大型・中型とも3メーカーを並行採用。高速車はいすゞガーラと富士7M型、三菱エアロバスが導入された。この年の2月に奥戸営業所の一般路線を引き継いで京成タウンバスが営業を開始。6月には市川営業所八幡車庫の路線が京成トランジットバスと市川交通自動車に移管された。なお、筆者が3回目に京成バスを取材したのは2019（令和元）年の初夏で、当時の最古参車は2001年式だった。このため、ここからは2019年の取材時の写真も交えて紹介していく。

N457（日野KL-HU2PPEE）

初めて採用されたブルーリボンシティノンステップバス。P11C型エンジンとZF社製トルコンATを装備する。長尺タイプが選択され、長沼に1台、船橋に3台が新製配置されている。

4588（日野KL-HU2PMEA）

前年に引き続き導入された中間尺のブルーリボンシティワンステップバス。ビルトインクーラーと中扉の4枚折戸は前年の車両と同じである。船橋と長沼に1台ずつ配置された。

4585（日野KL-HU2PREA）

前年に続いて増備された長尺のブルーリボンシティワンステップバス。冷房はビルトインタイプ。一般路線カラーの2台が長沼、「カモメバス」カラーの2台が茜浜に配置された。

4587（日野KK-RJ1JJHK）

2001年に初めて採用されたレインボーRJワンステップバスのKK-車。J08C型エンジンと中扉4枚折戸の仕様はワンステップのKC-車と同じ。船橋に3台、長沼に2台配置された。

130（日野KK-RX4JFEA）

レインボーバスが前年に続いて導入したリエッセのKK-車。2001年から中扉がグライドスライドドアとなり、リフトが装備されている。2台新製され、1台は契約貸切車となった。

6501（日野KK-RX4JFEA）

フラワーバスが初めて1台導入したリエッセのKK-車。レインボーバスの車両とは異なり、トップドア仕様が選択されている。一般路線車から貸切車に転用され活躍を続けている。

6103（日野KK-HZB50M）

フラワーバスが初めて1台採用したリエッセIIのKK-車。1HZ型エンジンを持つロングボディである。前述のいすゞプレビスとともに、八街市「ふれあいバス」に使用されていた。

7003（三菱ふそうKK-BE63EE）

シティバスが初めて2台採用したローザショートボディのKK-車。エンジンは4M51型で、前後輪ともにリーフサス。折戸と銀枠窓のボディである。狭隘路線用として使用された。

7362（三菱ふそうKK-MK25HJ）

契約輸送用として1台導入されたエアロミディMKツーステップバス。観光マスク・トップドア・黒枠引き違い窓の観光タイプ。貸切高速営業所から京成バスシステムに移籍した。

3361（三菱ふそうKK-MK23HH改）

京成電鉄が初めて購入したエアロミディMKワンステップバスのKK-車。前中4枚折戸のボディスタイルは前年のレインボーバスの車両と同じである。松戸に1台が新製配置された。

3362（三菱ふそうKL-MP33JM）

前年に引き続き導入されたエアロスターワンステップバスのKL-車。前中4枚折戸とリーフサスの仕様は変わらないが、冷房ユニットの形状が異なる。松戸に1台配置されている。

8155（いすゞ KK-LR233E1）

2001年に初めて採用されたエルガミオワンステップバスの7m尺タイプ。前中折戸・黒枠逆T字型窓で、ゼクセル製の冷房装置を装備する。3台が「アイリスループ」に使用されていた。

2226（いすゞ KK-LR333J1）

2001年に初めて導入されたエルガミオワンステップバスの9mタイプ。前中4枚折戸・黒枠逆T字型窓で、ゼクセル製冷房装置のリーフサス車。市川に2226〜2230として配置された。

E114（いすゞ KK-LR233J1改）

前年に引き続き増備されたエルガミオノンステップバス。こちらは前中引戸のエアサス車で、側面方向幕が前扉の隣にある。江戸川に5台配置され、のちに金町に2台移籍した。

8157（いすゞ KL-LV834N1）

前年に続いて登場した中間尺のエルガノンステップバスtype-Bだが、この年の2台は富士7E型ボディが架装されている。富士ボディのエルガノンステップバスは希少な存在である。

2225（いすゞ KL-LV380L1）

2001年に初めて採用された短尺のエルガワンステップバス。8PE1型エンジンを装備し、前中4枚折戸のボディを持つ。リーフサス仕様となっている。市川に1台だけ新製配置された。

2232（いすゞ KL-LV380L1）

こちらも初登場の短尺エルガワンステップバスだが、富士7E型ボディが架装されている。前中4枚折戸で、側窓がサッシレスとなっている。市川に2224・2231・2232が配置された。

H502（日野KL-RU4FSEA）

トランジットバスが契約輸送用の特定車として導入したセレガR-FS。前面2枚窓・折戸・引き違い窓で、乗客定員は49人。のちに京成バスと京成バスシステムに計3台が移籍した。

1061（いすゞ KL-LV781R2）

前年に引き続き導入されたガーラHD。サブエンジン式の冷房装置が搭載されている。後部トイレつき53人乗りの高速車。1061〜1063・1065〜1068が奥戸の所管路線に運用された。

1070（いすゞ KL-LV781R2）

ガーラHDのシャーシに富士1M型ボディを架装したもの。いすゞ＋富士の高速バスの最後のグループとなった。後部トイレつき53
人乗りの1064・1069～1071が奥戸に配置された。

H617（三菱ふそうKL-MS86MP）

夜行高速バス用として導入された固定窓のエアロバスKL-車。
室内仕様は後部トイレつき3列シートの29人乗りで、サブエン
ジン式の冷房を搭載。貸切高速営業所に2台配置された。

7363（三菱ふそうKL-MS86MP）

貸切バス用として採用されたエアロクィーンⅠのKL-車。53人
乗りのセミサロン。貸切高速営業所に7363・7364として配置
され、京成バスシステムのKS6363・KS6364となった。

5336（三菱ふそうKL-MS86MP）

成田空港連絡バス用として導入されたＴ字型窓のエアロバスKL-車。室内仕様は後部トイレつきの50人乗りで、直結式の冷房とワイ
ドトランクを装備。千葉に5台が配置されている。

2002（平成14）年の車両

　2002（平成14）年も大型のKL-車と中型のKK-車を導入。大型路線車はいすゞ・日野・三菱ふそうの３メーカーの増備が続き、いすゞの短尺ノンステップバスが初めて採用された。中型路線車もいすゞ・日野・三菱ふそうが並行増備され、いすゞエルガはタウンバス・トランジットバス・グリーンバス、日野レインボーはフラワーバスも独自に採用した。高速車はいすゞガーラと三菱エアロバスの導入が続き、ガーラは直結冷房に変更。フラワーバスがエアロバススタンダードデッカーを採用した。また貸切用にもエアロバスが新製されている。

2234（いすゞ KL-LV834L1）

初めて採用された短尺のエルガノンステップバスtype-Bだが、純正ボディではなく富士7E型ボディが架装されている。ZF社製のトルコンATを装備。市川に２台が新製配置された。

8160（いすゞ KL-LV834N1）

2000年に続いて導入された中間尺エルガノンステップバスtype-Bの純正ボディ架装車。側面表示器が2000年式の前扉隣から戸袋前に変更され、金町と千葉に１台ずつ配置された。

E118（いすゞ KL-LV834N1）

前年に続いて増備された中間尺エルガノンステップバスtype-Bの富士7E型ボディ架装車。側面表示器はE117・E118・8158・8159が前扉隣、E119 ～ E121が戸袋前に設置されていた。

N143（いすゞ KL-LV280L1）

前年に引き続き採用された短尺のエルガワンステップバス。この年からサスペンションがエアサスに、中扉が引戸に変更されている。市川に1台、花見川に3台が新製配置された。

5185（いすゞ KL-LV280L1）

左の純正ボディ架装車とともに登場した短尺エルガワンステップバスの富士7E型ボディ架装車。エアサス・中引戸仕様はこちらも同じである。千葉に3台が新製配置されている。

2235（いすゞ KK-LR333J1）

前年に引き続き導入されたリーフサスのエルガミオワンステップバス。前中4枚折戸で、ゼクセル製の冷房を装備するのは前年の車両と同じである。市川に1台だけ新製配置された。

CG140（いすゞ KK-LR333J1）

グリーンバスが2台新製したリーフサスのエルガミオワンステップバス。こちらは前中引戸のボディを架装。グリーンバスの社番の営業所記号は「S」から「CG」に変更されている。

T002（いすゞ KK-LR233J1改）

タウンバスが4台、トランジットバスが7台を自社発注したエアサスのエルガミオノンステップバス。側面表示器はタウンバスが前扉隣、トランジットバスが戸袋前に設置した。

2237（いすゞ KK-LR233J1改）

京成電鉄が1台、グリーンバスが6台を新製したエアサスのエルガミオワンステップバス。前中引戸で、ゼクセル製の冷房を装備。側面表示器はいずれも戸袋前に設置されている。

6104（トヨタKG-LH184B）

フラワーバスが2002年に1台、2004年に2台採用したハイエースコミューター。5L型エンジンが搭載されたディーゼル車である。いずれも山武市の巡回バスとして使用されていた。

0802（日野KL-HU1JJEA）

契約輸送用として中古購入した9m尺のブルーリボンシティ。2002年に自家用登録されたもので、トップドアの観光スタイル。2012年に新設された習志野出張所で活躍していた。

6435（日野KL-HU2PMEA）

京成電鉄が3台、フラワーバスが1台新製した中間尺のブルーリボンシティワンステップバス。京成電鉄は今回から中扉に引戸を採用。フラワーバスもワンステップに変更した。

132（日野KL-HU2PMEA）

レインボーバスが2台を自社発注した中間尺のブルーリボンシティワンステップバス。こちらは前年までの京成電鉄の車両のスタイルを踏襲しており、中扉が4枚折戸となっている。

N464（日野KL-HU2PPEE）

前年に引き続き導入された長尺のブルーリボンシティノンステップバス。ZF製のトルコンATを装備し、冷房ユニットはデンソー製の大きなタイプ。2台が長沼で使用されていた。

N465（日野KK-RJ1JJHK）

前年に引き続き京成電鉄が採用したレインボーRJワンステップバス。前中4枚折戸のボディスタイルは今回も踏襲されている。この年の新製は1台で、長沼の狭隘路線で活躍した。

6409（日野KK-RJ1JJHK）

フラワーバスが2002年に初めて1台導入したレインボーRJワンステップバス。こちらは前中引戸である。前述のブルーリボンシティとともに、フラワーバス初のワンステップバス。

4595（日野KK-HR1JKEE）

２年ぶりに新製されたレインボーHRノンステップバスの9m
尺タイプ。ボディスタイルは2000年式と同じだが、当初から
LED表示器が装着された。4594・4595・4599が活躍していた。

T201（日野KK-HR1JEEE）

タウンバスが初めて3台採用したレインボーHRノンステップ
バスの7m尺タイプ。ボディスタイルは2000年式の京成電鉄
の3台と同じで、前扉隣に大型の側面方向幕を装備していた。

233（三菱ふそうKL-MP33JM）

レインボーバスが初めて1台自社発注した中間尺のエアロス
ターワンステップバス。前中4枚折戸のボディを持つリーフサ
ス車である。三菱車ながら船尾に新製配置されて活躍した。

3366（三菱ふそうKL-MP33JM）

京成電鉄が前年に続いて増備した中間尺のエアロスターワンス
テップバス。京成電鉄のエアロスターは前中引戸となったが、
リーフサスは踏襲された。松戸に2台が配置された。

3368（三菱ふそうKK-MK23HH）

京成電鉄が前年に引き続き採用したエアロミディMKワンス
テップバス。2002年下期から中扉が引戸となり、冷房ユニット
も変化した。上期に1台、下期に3台が松戸に配置された。

3363（三菱ふそうKK-MJ26HF改）

京成電鉄に初めて登場した9m尺のエアロミディMJノンス
テップバス。三菱が7m尺車を延長して新たに設定した車種で、
6M61型エンジンを装備している。松戸に2台が配置された。

CG141（三菱ふそうKK-MJ23HE）

グリーンバスが初めて2台導入した7m尺のエアロミディMJ
ワンステップバス。6M61型エンジンを装備している。この年、
JR佐倉駅〜松ヶ丘間で運行開始した松ヶ丘線に使用された。

KS7305（三菱ふそうKK-MJ23HE）

こちらは京成電鉄が新製した7m尺のエアロミディMJワンス
テップバス。グリーンバスの車両とは側面表示器の形状が異な
る。京成バスシステムに移籍し、契約輸送に使用された。

H621（三菱ふそうKL-MS86MP）

夜行バス用として新製された固定窓で後部トイレつき29人乗りのエアロバス。2002年にH618〜H621、2003年にH622が登場し、H620・H621はTDR〜名古屋線オリジナルカラーだった。

5339（三菱ふそうKL-MS86MP）

空港連絡バス用として増備された直結式冷房のエアロバス。後部トイレつきの51人乗りで、千葉に4台が配置された。写真は2006年式以降の新デザインに塗り替えられた姿である。

KS6365（三菱ふそうKL-MS86MP）

貸切バス用として前年に引き続き導入されたT字型窓・サブエンジン式冷房のエアロバス。乗客定員53人のセミサロン。2台が貸切高速営業所から京成バスシステムに移籍した。

6204（三菱ふそうKL-MS86MS）

フラワーバスが初めて採用したエアロバススタンダードデッカーのKL-車。エンジンはハイデッカーと同じ8M21型。後部トイレつき50人乗りの1台が浜松町〜成東間で使用された。

1076（いすゞKL-LV781R2）

高速バス用として前年に続いて採用されたガーラHD。この年から直結式の冷房装置に変更されている。後部トイレつき53人乗りで、1077から後面窓が1枚仕様に変更されている。

2003（平成15）年の車両

　2003（平成15）年も大型のKL-車と中型のKK-車の増備が続けられた。一般路線車は大型・中型とも引き続きいすゞ・日野・三菱製を採用。いすゞにワンステップベースのノンステップバスtype-A、日野に中型ロングタイプのノンステップバス、三菱にCNGノンステップバスが加わった。また大型をグループ3社、中型をグループ5社が自社発注している。高速車はいすゞガーラと三菱エアロバスを導入。フラワーバスがセレガR-FSを初めて採用した。なお、2003年の10月、京成電鉄のバス事業は京成バスとして独立し、新たに歩み始めている。

1011（いすゞ KL-LV280L1）

市川交通自動車が2台を自社発注した短尺のエルガワンステップバス。ゼクセル改めサーモキング製の冷房を装備。同型車は京成バスの市川・千葉にも計17台が新製配置された。

8170（いすゞ KL-LV280N1改）

初めて採用されたエルガノンステップバスのtype-A。エンジンはtype-Bとは異なる8PE1型となっている。中間尺の17台が京成バス江戸川・金町とトランジットバスに配置された。

N147（いすゞ KL-LV280N1）

2000年に続いて導入された中間尺のエルガワンステップバス。中扉の4枚折戸は継承されたが、リーフサスからエアサスに変更されている。4台が花見川車庫に新製配置された。

2246（いすゞ KL-LV834L1）

前年に引き続き採用された短尺のエルガノンステップバスtype-B。富士ボディが架装された前年式と異なり、いすゞ純正ボディが選択された。市川に2台、千葉に1台配置された。

T012（いすゞ KL-LV834N1）

タウンバスが初めて2台を自社発注した中間尺のエルガノンステップバスtype-B。側面表示器が前扉の隣に設置されている。京成バスがtype-Aを選んだのちも増備が続けられた。

8163（いすゞ KL-LV834N1）

引き続き導入された中間尺のエルガノンステップバスtype-B。こちらは富士7E型ボディが架装され、側面表示器は戸袋の前にある。京成最後の富士ボディとして11台が登場した。

T010（いすゞ KK-LR233J1改）

前年に続いてタウンバスが6台を自社発注したエルガミオノンステップバス。側面表示器は前扉の横にある。この年からサーモキング製の冷房ユニットが前寄りに変更されている。

M217（いすゞ KK-LR233J1改）

前年に続いてトランジットバスが1台だけ新製したエルガミオノンステップバス。側面表示器は戸袋の前にある。同型車を京成バスも1台採用し、2248として市川に配置している。

C201（いすゞ KK-LR233J1改）

シティバスが初めて2台を自社発注したエルガミオワンステップバス。同型車としてグリーンバスがCG152～CG156、京成バスが2238～2241・2243・5195～5197を新製している。

2701（日産KK-BJW41）

契約輸送を行う特定車として、2003年に自家用登録されたシビリアンのKK-車を1台中古購入した。エンジンはTD42型で、前後輪ともエアサス仕様。後面にリフトを装備している。

E300（三菱ふそうKL-MP37JM改）

2003年に初めて採用されたエアロスター CNGノンステップバス。屋根上に三菱製の冷房ユニットと並んでCNGタンクが搭載されている。三菱車のなかった江戸川に２台が配置された。

235（三菱ふそうKK-MK23HH）

レインボーバスが2000年に続いて２台を自社発注したエアロミディ MKワンステップバス。2003年式は中扉が引戸に変更された。同型車は京成バスの松戸にも６台新製配置された。

7310（三菱ふそうKK-BE63EG）

貸切高速営業所に１台だけ在籍したローザロングボディのKK-車。エンジンは4M51型で、前後輪ともリーフサス。2003年に新製された自家用登録車を契約輸送用に中古購入した。

237（三菱ふそうKK-MJ23HE）

レインボーバスに１台だけ在籍したエアロミディ MJワンステップバスのKK-車。KC-車に続いて自社発注した７m尺タイプである。白井に配置され、所管する狭隘路線に運用された。

KS7306（三菱ふそうKK-MJ23HE）

京成電鉄が新製した７m尺のエアロミディ MJワンステップバス。レインボーバスの車両とは側面表示器の形状が異なる。京成バスシステムに移籍し、契約輸送に使用されていた。

4850（日野KL-HU2PPEE）

前年に引き続き採用された長尺のブルーリボンシティノンステップバス。デンソー製の冷房ユニットがコンパクトなタイプに変更された。4台が船橋の所管路線で活躍していた。

4412（日野KL-HU2PREA）

2年ぶりに新製された長尺のブルーリボンシティワンステップバス。デンソー製の冷房がビルトインから屋根上ユニットになった。「カモメバス」カラーの3台が茜浜に在籍した。

6439（日野KL-HU2PMEA）

フラワーバスが前年に引き続き4台を自社発注した中間尺のブルーリボンシティワンステップバス。冷房が屋根上ユニットに変更された。同型車は京成バスにも18台導入された。

4859（日野KK-HR1JNEE）

初めて登場した10.5m尺のレインボーHRノンステップバス。J08C型エンジンが搭載されている。「カモメバス」カラーの4台が茜浜、一般カラーの9台が船橋・長沼に配置された。

N473（日野KK-HR1JKEE）

前年に引き続き採用された9m尺のレインボーHRノンステップバス。側面表示器が戸袋前となったことが2002年式との違いである。新製されたのは1台だけで、長沼に配置された。

136（日野KK-RJ1JJHK）

レインボーバスが初めて自社発注したレインボーRJワンステップバス。前中引戸仕様が選択された。船尾に2台、白井に1台配置されたほか、京成バスも同型車を6台導入している。

139（日野KK-RX4JFEA）

レインボーバスが2001年に続いて採用したリエッセのKK-車。中扉のグライドスライドドアにリフトが装着されている。船尾に2台配置され、印西市「ふれあいバス」に使用された。

7403（日野KK-HZB50M）

契約輸送用の貸切車として中古購入したリエッセⅡ。1HZ型エンジンが搭載され、折戸仕様のロングボディである。2003年に自家用登録され、ローザの7310とともに稼働していた。

6205（日野KL-RU4FSEA）

フラワーバスが初めて1台を自社発注したセレガR-FS。折戸・引き違い窓で、F21C型エンジンを装備している。後部トイレつき52人乗りの高速車で、浜松町～成東間に使用された。

6206（三菱ふそうKL-MS86MS）

フラワーバスが前年に続いて1台採用したエアロバススタンダードデッカー。後部トイレつきの50人乗り。フラワーバスの高速車は地元名産のイチゴをあしらったデザインだった。

CG811（三菱ふそうKL-MS86MS）

グリーンバスが2台を自社発注したエアロバススタンダードデッカー。フラワーバスの車両と異なるスイングドア仕様。55人乗りの貸切車だが、深夜急行バスにも使用されていた。

5345（三菱ふそうKL-MS86MP）

京成バスが4台新製した直結冷房のエアロバス。後部トイレつき44人乗りの高速車である。2003年にはほかに、固定窓で後部トイレつき29人乗りの夜行高速車も1台導入されている。

1085（いすゞKL-LV781R2）

京成バスが前年に続いて5台新製したガーラHD。前年式と同様、直結冷房が選択されている。後面は高速バス仕様の1枚窓。後部トイレつき53人乗りで、奥戸の所管路線で活躍した。

2004（平成16）年の車両

　2004（平成16）年は前年と同じ大型のKL-車と中型のKK-車に加え、「平成16年排出ガス規制」に適合した三菱エアロスターのPJ-車といすゞエルガミオのPA-車が初めて登場した。大型路線車はいすゞ・三菱製、中型路線車はいすゞ・日野・三菱製を導入。いすゞの中型短尺車、日野の中型ロングタイプも採用された。グループ会社はいすゞの中型車、日野の大型車・中型7mタイプ、トヨタのハイエースを導入している。高速車はいすゞガーラの新製がなく、三菱エアロバスを初めて奥戸に配置。フラワーバスがセレガR-FSを増備した。

C203（いすゞ PA-LR234J1）

グループ初登場となるエルガミオワンステップバスのPA-車。新開発の6HK1型エンジンが搭載されている。冷房装置はKK-車と同じサーモキング製。シティバスが2台を新製した。

305（いすゞ KK-LR233J1改）

レインボーバスに1台在籍していたエルガミオノンステップバスのKK-車。冷房装置はサーモキング製。東京ベイシティ交通が2004年に新製した車両を中古購入したものである。

2260（いすゞ KK-LR233F1）

市川に2259・2260の2台が在籍していたエルガミオワンステップバスの短尺タイプ。路線の中に狭隘区間がある中国分線の専用車だったが、のちにシティバスに移籍して活躍した。

T013（いすゞ KL-LV834N1）

タウンバスが4台採用した中間尺のエルガノンステップバスtype-B。京成バスがMTのtype-Aを選択したあとも、タウンバスはトルコンATを装備する本型式をこの年まで増備した。

8178（いすゞ KL-LV280N1改）

前年に続いて導入された中間尺のエルガノンステップバスtype-A。こちらはMT仕様となっており、ボディスタイルは前年の車両と同じである。江戸川・金町に計20台配置された。

N150（いすゞ KL-LV280N1）

前年に引き続き採用された中間尺のエルガワンステップバス。中扉が4枚折戸のボディスタイルは前年の車両と変わらない。団地路線を所管する花見川車庫に1台だけ配置された。

5199（いすゞ KL-LV280L1）

前年に続いて増備された短尺のエルガワンステップバス。冷房装置はサーモキング製で、スタイルは前年式と同一。千葉に路線車として4台、市川に特定車として3台配置された。

T204（日野KK-HR1JEEE）

タウンバスが2002年に続いて1台導入した7m尺のレインボーHR。2002年式が方向幕だったのに対し、新製時からLED表示器を採用。路線の中に狭隘区間がある白鳥線に使用された。

150（日野KL-HU2PMEA）

レインボーバスが2002年に続いて４台採用した中間尺のブルーリボンシティワンステップバス。京成バスの車両と同様、中扉が引き戸に、冷房が屋根上ユニットに変更されている。

4887（日野KL-HR1JNEE）

京成バスが前年に引き続き増備した10.5m尺のレインボー HR。この年はすべて一般路線カラーで、市川・船橋・長沼に46台を新製配置。のちに一部が京成バスシステムに移籍した。

6208（日野KL-RU4FSEA）

フラワーバスが前年に続いて２台を自社発注したセレガR-FS。前年式が方向幕だったのに対し、新製時からLED表示器が装着されていた。後部トイレつき52人乗りの高速車である。

CG815（トヨタKK-HZB50）

グリーンバスに１台在籍したコースターロングボディ。エンジンは1HZ型で、前輪は独立懸架、後輪はリーフサスである。東邦大学から引き継ぎ、同大の契約輸送に使用された。

CG814（トヨタTC-TRH124B）

グリーンバスが２台導入したハイエースコミューター。1TR型エンジンが搭載されたガソリン車で、乗客定員は14人。貸切登録され、酒々井町の「ふれ愛タクシー」に使用された。

3380（三菱ふそうPJ-MP37JM）

2004年に初めて採用されたエアスターノンステップバスのPJ-車。エンジンはワンステップのKL-車と同じ6M70型を搭載。冷房装置は三菱製である。松戸に2台が新製配置されている。

3377（三菱ふそうKL-MP35JM）

2002年に続いて導入されたエアロスターワンステップバスのKL-車。2004年からエアサス仕様に変更された。松戸に1台配置されたほか、レインボーバスが同型車を4台新製した。

3378（三菱ふそうKK-MK23HH）

前年に続いて増備されたエアロミディMKワンステップバスである。冷房装置は三菱製で、中扉の引戸も踏襲されている。松戸に1台だけ配置され、所管の狭隘路線に運用された。

N300（三菱ふそうKK-ME17DF）

長沼に1台だけ在籍したエアロミディMEのKK-車。エンジンは4M50型で、前中折戸・銀枠逆T字型窓のボディを持つ。愛知県の大興タクシーが2004年に新製した車両を中古購入した。

1302（三菱ふそうKL-MS86MP）

前年に引き続き導入された直結式冷房のエアロバス。ボディスタイルは前年の車両と同じである。後部トイレつきで、44人乗りの1台が千葉、52人乗りの8台が奥戸に配置された。

2005(平成17)年の車両

　2005(平成17)年は一部のKL-車が増備され、PJ-車・PK-車・PB-車・PA-車の導入が本格化した。路線車は3メーカーから購入。統合モデルの日野ブルーリボンⅡ・レインボーⅡ、OEM供給モデルのいすゞエルガJが採用され、三菱エアロスターCNGバスも増備された。タウンバス・トランジットバスはいすゞ製、レインボーバス・グリーンバスは三菱製の路線車を採用。フラワーバスは三菱製の特急車を導入した。高速車は三菱エアロバスが増備された。なお、11月には貸切高速営業所を引き継いだ京成バスシステムが営業を開始した。

2261(いすゞ PK-HR7JPAC)

2005年に2台だけ採用されたエルガJノンステップバス。日野レインボーHRの後継車種だが、OEM供給されたいすゞ車が選択された。のちにグリーンバスと関東鉄道に転籍している。

M220(いすゞ KL-LV280L1)

トランジットバスが4台を自社発注した短尺エルガワンステップバスのKL-車。本型式ではグループ最後の増備車であり、またグループ唯一のデンソー製冷房装置搭載車だった。

T018（いすゞ PA-LR234J1改）

前年のシティバスのワンステップバスに続き、2005年上期にタウンバスが購入したエルガミオノンステップバスのPA-車。側面表示器を戸袋の前に設置した3台が活躍を開始した。

T021（いすゞ PA-LR234J1改）

同じくタウンバスのエルガミオノンステップバスだが、下期の2台は側面表示器が前扉の隣にある。なお、タウンバスのエルガミオは2005年からアイシン製トルコンATを装備した。

5202（いすゞ PJ-LV234L1）

2005年に初めて採用されたエルガノンステップバスのPJ-車。エンジンは6HK1型、冷房装置はデンソー製で、千葉県内には引き続き短尺タイプを選択。千葉に2台が配置されている。

5206（いすゞ PJ-LV234L1）

こちらも初めて登場したエルガワンステップバスのPJ-車。6HK1型エンジンとデンソー製の冷房を装備。千葉に4台、市川に特定車として1台、トランジットバスに1台導入された。

E268（いすゞ PJ-LV234N1）

同じく初めて採用された中間尺のエルガノンステップバスPJ-車。6HK1型エンジンとデンソー製の冷房を装備するMT車である。江戸川・金町・花見川に計12台が配置されている。

4888（日野PJ-KV234L1）

エルガとの統合モデルとなったブルーリボンⅡも導入。千葉県の一般路線用には短尺タイプが選択された。2005年のノンステップバスは1台のみで、船橋に新製配置されている。

N503（日野PJ-KV234L1）

同じく2005年から採用された短尺ブルーリボンⅡワンステップバスのPJ-車。6HK1型エンジンとデンソー製の冷房を装備するMT車である。船橋と長沼に計7台が新製配置された。

4890（日野PJ-KV234Q1改）

2005年に初めて登場した長尺ブルーリボンⅡワンステップバスのPJ-車。長尺ブルーリボンシティの後継として、同じ前中4枚折戸の4台が「カモメバス」カラーで茜浜に配置された。

8402（日野PONCHO）

荒川区コミュニティバス「さくら」用として金町に3台配置された初代ポンチョ。プジョー製エンジン＋トヨタテクノクラフト製ボディのFFレイアウトのノンステップバスである。

155（日野PB-RX6JFAA）

レインボーバスが初めて導入したリエッセのPB-車。エンジンがJ05D型、側窓が黒色サッシに変わったが、中扉にリフトを装備している点はKK-車と同じ。白井に1台配置された。

6101（日野PB-XZB50M）

フラワーバスに2台導入されたリエッセⅡのPB-車。エンジンはN04Cで、前輪が独立懸架、後輪がリーフサスである。プレビスに代わって、八街市「ふれあいバス」に使用された。

4302（三菱ふそうPA-ME17DF）

初めて採用されたエアロミディMEノンステップバスのPA-車。4M50型エンジンを持つ。銀色サッシの2302〜2304は市川市コミュニティバスに使用され、2台が茜浜に転属している。

5601（三菱ふそうPA-ME17DF）

こちらもエアロミディMEノンステップバスのPA-車。全幅2060mmの小型バスである。黒色サッシの5600は千葉に配置され、千葉市若葉区泉地区の「さらしなバス」に使用された。

8301（三菱ふそうPA-ME17DF）

同じくエアロミディMEノンステップバスのPA-車。黒枠窓の8301・8302は金町、3381は松戸に新製配置された。黒枠窓車は2006年も金町に1台、タウンバスに2台導入された。

252（三菱ふそうPA-MK27FH）

レインボーバスが3台を自社発注したエアロミディMKノンステップバスのPA-車。6M60型エンジンとデンソー製の冷房装置を装備する。いずれも白井の所管路線で活躍している。

E302（三菱ふそうKL-MP37JM改）

2003年に続いて採用された中間尺のエアロスターCNGノンステップバス。CNGバスのエンジンは6D24型で、引き続きKL-車となっている。2003年式と同じ江戸川に2台配置された。

CG157（三菱ふそうKL-MP35JM）

グリーンバスが1台だけ導入した中間尺エアロスターワンステップバスのKL-車。同社では異色の三菱製で、ハイバックシートを備えたワンロマ仕様。のちに貸切車に転用された。

6319（三菱ふそうPJ-MP35JP）

フラワーバスが2台採用した長尺エアロスターツーステップバスのPJ-車。トップドアでハイバックシートを備え、乗客定員は55人。千葉～成東間の特急バスに使用されていた。

H623（三菱ふそうKL-MS86MP）

2002年に続いて導入した固定窓・サブエンジン式冷房のエアロバスKL-車。後部トイレつき独立3列シート29人乗りの夜行高速車である。貸切高速営業所に1台だけ配置されている。

H624（三菱ふそうKL-MS86MP）

直結式冷房のエアロバス。後部トイレつきで、52人乗りの4台を奥戸、50人乗りの4台を貸切高速、44人乗りの5台を千葉に配置。H624・H625はTDL～たまプラーザ線カラーだった。

2006（平成18）年の車両

　2006（平成18）年もPJ-車・PB-車・PA-車が導入され、少数ながら「平成17年排出ガス規制」適合の
ADG-車・PKG-車が登場した。路線タイプは3メーカーの大型と中型を導入。幕張新都心には日野の長
尺車が大量に配置された。タウンバス・トランジットバス・シティバス・グリーンバスはいすゞの大型
または中型を新製。市川交通自動車は日野リエッセ、レインボーバスはグループ初の日野ポンチョと三菱
の大型・中型を導入した。高速タイプは三菱エアロバスに加え、フルモデルチェンジされたいすゞガーラ
が初めて採用された。

3386（三菱ふそうPA-MK27FM）

初めて採用された10.5m尺のエアロミディMKノンステップバス。エンジンは6M60型。松戸に6台、市川に5台配置され、のちに
一部がレインボーバスと京成バスシステムに移籍した。

256（三菱ふそうPA-MK27FH）

レインボーバスが前年に引き続き自社発注した9m尺のエアロ
ミディMKノンステップバスのPA-車。ボディスタイルは前年
の車両と変わらない。この年は1台だけ白井に配置された。

3395（三菱ふそうPA-MK25FJ）

2006年に初めて導入されたエアロミディMKワンステップバ
スのPA-車。松戸に3台配置されたが、のちに京成バスシステム
と2012年に新設された新習志野高速営業所に異動している。

257（三菱ふそうPJ-MP35JM）

レインボーバスが3台を自社発注した中間尺エアロスターワンステップバスのPJ-車。松戸に配置された4台とともに初登場の型式である。エンジンは6M70型、冷房は三菱製である。

3602（三菱ふそうPJ-MP37JM）

京成バスが2004年に引き続き導入した中間尺エアロスターノンステップバスのPJ-車。4台が松戸の路線で使用されたが、のちにフラワーバスと京成バスシステムに移籍している。

E304（三菱ふそうKL-MP37JM改）

前年に続いて増備された中間尺のエアロスターCNGノンステップバス。屋根上に三菱製の冷房装置とCNGの燃料タンクが並ぶスタイルは変わらない。江戸川に2台が配置されている。

C498（三菱ふそうPA-BE66DG）

シティバスで契約輸送用の貸切車として1台が稼働するローザロングボディのPA-車。エンジンは4M50型で、前後輪ともエアサス仕様。関東鉄道が2006年に新製したものである。

6441（日野PJ-KV234L1）

フラワーバスが2台を自社発注した短尺ブルーリボンⅡワンステップバスのPJ-車。冷房装置はデンソー製である。同型車は京成バスの市川・船橋・長沼にも35台配置されている。

N508（日野PJ-KV234L1）

京成バスが前年に続いて採用した短尺ブルーリボンⅡノンステップバスのPJ-車。冷房装置はデンソー製である。ノンステップバスは前年と同様1台で、今回は長沼に配置された。

4457（日野PJ-KV234Q1）

前年に引き続き導入された長尺ブルーリボンⅡワンステップバスのPJ-車。前中4枚折戸で、冷房装置はデンソー製。「カモメバス」カラーの19台が幕張新都心の路線で活躍した。

4045（日野PA-KR234J1）

2006年に限り3台導入されたレインボーⅡワンステップバスのPA-車。エンジンは6HK1型、冷房はデンソー製である。船橋で特定車として使用されたのち、金町・長沼に転属した。

C514（日野PB-HR7JHAE）

シティバスに1台だけ在籍している9m尺のレインボーHRノンステップバスのPB-車。J07E型エンジンとアイシン製のトロコンATを装備している。千葉海浜交通から中古購入した。

156（日野ADG-HX6JLAE）

レインボーバスが2台採用したグループ初のリヤエンジンのポンチョである。2枚扉・逆T字型窓仕様が選択されている。白井に配置され、印西市「ふれあいバス」に使用された。

1018（日野PB-RX6JFAA）

市川交通自動車が3台、京成バスが1台導入したリエッセのPB-車である。市川交通自動車が路線バスから撤退した2009年、前述のエルガとともにトランジットバスに引き継がれた。

E277（いすゞPJ-LV234N1）

京成バスが前年に続いて増備した中間尺エルガノンステップバスのPJ-車。前年と同じデンソー製の冷房装置の5台が江戸川に配置された。また同型車をタウンバスも1台購入した。

CG161（いすゞPJ-LV234L1）

グリーンバスが10台導入した短尺エルガワンステップバスのPJ-車。冷房装置はサーモキング製。同型のデンソー製冷房搭載車が京成バスとトランジットバスに計21台導入された。

5213（いすゞPJ-LV234L1）

京成バスが2006年に7台採用した短尺エルガノンステップバスのPJ-車。冷房装置はデンソー製である。いずれも千葉に配置され、5212・5213・5222～5226の社番が与えられた。

C438（いすゞPJ-LV234Q1改）

シティバスで契約輸送用の貸切車として1台使用されている長尺エルガワンステップバスのPJ-車。前中4枚折戸で、冷房はサーモキング製。東京ベイシティ交通から移籍した。

312（いすゞPJ-LV234Q1）

レインボーバスに1台在籍する長尺エルガワンステップバスのPJ-車。前中引戸・引き違い窓で、冷房はデンソー製。国際興業が深夜急行バスに使用していたワンロマ車である。

C205（いすゞ PA-LR234J1）

シティバスが2004年に続いて2台を自社発注したエルガミオ
ワンステップバスのPA-車。サーモキング製の冷房装置を装備
するボディスタイルは2004年の車両と変わっていない。

M232（いすゞ PA-LR234J1）

トランジットバスが1台採用したエルガミオノンステップバス
のPA-車。デンソー製冷房のAT車。サーモキング製冷房のAT
車はタウンバスに3台、MT車は京成バスに4台導入された。

1202（いすゞ PKG-RU1ESAJ）

新型になったガーラが初めて京成バスに登場。上期にADG-車の1201、下期にPDG-車の1202が奥戸に配置されている。エンジン
はE13C型。後部トイレつき53人乗りの高速車である。

M610（いすゞ ADG-RU1ESAJ）

TDR〜いわき線が東京ベイシティ交通からトランジット
バスに移管された際、ガーラのADG-車とPKG-車が1台ずつ移籍して
M610・M611となった。後部トイレつきの53人乗りである。

C301（三菱ふそうPJ-MS86JP）

シティバスが独自カラーで採用したエアロバスのPJ-車。エン
ジンは6M70型。京成バスにも同型車が入り、C301・5353が
後部トイレつき44人乗り、5354〜5356が同47人乗りである。

2007（平成19）年の車両

　2007（平成19）年はPJ-車・PA-車の最終導入年となり、PKG-車・PDG-車の増備が開始されている。一般路線車はいすゞ・日野製の大型、日野製の小型が主体で、三菱製と中型はわずかだった。船橋に初登場となる日野ブルーリボンシティハイブリッドのACG-車・BJG-車が配置された。タウンバス・トランジットバス・グリーンバスはいすゞ製、フラワーバスは日野製、レインボーバスは日野・三菱製の路線車を導入した。高速車は三菱エアロバスといすゞガーラの増備が続いたほか、フラワーバスで日野の新型セレガが採用されている。

CG171（いすゞ PKG-LV234L2）

グリーンバスが初めて採用した短尺エルガワンステップバスのPKG-車。エンジンは6HK1型、冷房はサーモキング製である。京成バスもデンソー製冷房の同型車を1台導入している。

E280（いすゞ PKG-LV234N2）

2007年に初めて登場した中間尺エルガノンステップバスのPKG-車。エンジンは6HK1型、冷房はデンソー製で、左側面のエンジンルーバーがPJ-車との違い。江戸川に1台配置された。

5230（いすゞ PJ-LV234L1）

前年に続いて導入された短尺エルガノンステップバスのPJ-車。デンソー製冷房装置が搭載されたボディスタイルは前年の車両と変わっていない。千葉に1台だけ配置されている。

5228（いすゞ PJ-LV234L1）

短尺エルガワンステップバスのPJ-車の最終増備分。デンソー製の冷房を搭載し、千葉に3台が配置された。同型のサーモキング製冷房搭載車をグリーンバスが3台新製している。

8106（いすゞ PJ-LV234N1）

引き続き導入された中間尺エルガノンステップバスのPJ-車。冷房はデンソー製で、スタイルは前年式と同じ。江戸川・金町に31台配置され、都内のツーステップバスを駆逐した。

N152（いすゞ PJ-LV234N1改）

初めて採用された中間尺エルガワンステップバスのPJ-車。前中4枚折戸で、デンソー製の冷房を装備している。大量に導入された本型式だが、ワンステップバスは1台だけだった。

6461（いすゞ PJ-LV234N1）

フラワーバスに2台在籍する中間尺エルガノンステップバスのPJ-車。松戸新京成バスからの移籍車で、サーモキング製の冷房を搭載。貸切登録され、スクール輸送を行っている。

M233（いすゞ PA-LR234J1改）

トランジットバスが前年に引き続き1台を自社発注したエルガミオノンステップバスのPA-車。前年の車両と同じように、アイシン製のトルコンATとデンソー製の冷房を装備する。

CG816（いすゞ PA-LR234J1）

グリーンバスが初めて1台を自社発注したエルガミオワンステップバスのPA-車。サーモキング製の冷房が搭載されたMT車である。契約輸送用の特定バスとして使用されている。

T026（いすゞ PDG-LR234J2）

初登場のエルガミオノンステップバスPDG-車。エンジンは6HK1型で、左側面のエンジンルーバーがPA-車との違い。タウンバスが2台、トランジットバスが1台、AT仕様で導入した。

KS7801（トヨタPB-XZB51）

京成バスシステムが1台を中古購入したコースターロングボディ。エンジンはN04C型で、前後輪ともエアサス仕様。スイングドア・黒色サッシで、後面にリフトを装備している。

C502（日野ADG-HX6JLAE）

シティバスが東京ベイシティ交通から1台中古購入したポンチョロングのADG-車。2枚扉・逆T字型窓。契約輸送用として使用されていたが、現在はレインボーバスに移っている。

4473（日野BDG-HX6JLAE）

京成バスが初めて採用したポンチョロングのBDG-車。2枚扉・逆T字型窓仕様である。8台が船橋に配置され、のちに新都心に転属し、習志野市コミュニティバスに使用されていた。

N524（日野PJ-KV234L1）

前年に続いて導入された短尺ブルーリボンⅡワンステップバスのPJ-車。スタイルは前年の車両と同じである。船橋・長沼に10台配置されたほか、フラワーバスも1台新製している。

4464（日野PJ-KV234L1）

前年に引き続き導入された短尺ブルーリボンⅡノンステップバスのPJ-車。スタイルは前年の車両と同じである。2005年と2006年は各1台だったが、2007年は7台新製されている。

N525（日野PJ-KV234N1改）

2007年に初めて採用された中間尺ブルーリボンⅡワンステップバスのPJ-車。前中4枚折戸のボディスタイルは中間尺エルガワンステップバスと同じである。長沼に5台配置された。

158（日野PDG-KV234N2）

レインボーバスに初めて1台登場した中間尺ブルーリボンⅡノンステップバスのPDG-車。アリソン製トルコンATを装備し、前照灯が2灯になった。2010年に同型車1台が増備された。

4458（日野ACG-HU8JMFP）

2007年上期に初めて2台採用された中間尺ブルーリボンシティハイブリッドノンステップバスのACG-車。エンジンはJ08E型である。「ららぽーと」の送迎輸送に使用されている。

KS6311（三菱ふそうPA-MJ26RF）

京成バスシステムが1台だけ新製したエアロミディ MJのハイデッカー。エンジンはインタークーラーターボつき4M50型で、直結式の冷房を搭載。乗客定員21人のセミサロンである。

6444（日野PDG-KV234L2）

フラワーバスが初めて3台採用した短尺ブルーリボンⅡワンステップバスのPDG-車。アリソン製のトルコンATを装備。前照灯と左側面のエンジンルーバーがPJ-車との違いである。

4468（日野BJG-HU8JMFP）

2007年下期に2台導入された中間尺ブルーリボンシティハイブリッドノンステップバスのBJG-車。J08E型エンジンをモーターがアシストする。一般路線カラーで船橋に配置された。

7309（三菱ふそうPA-BE63DG）

船橋高速貸切センターに1台導入されたローザロングボディのPA-車。エンジンは4M50型で、前後輪ともリーフサス。貸切車として使用されたのち、金町に移って特定車となった。

2310（三菱ふそうPA-BE66DG）

市川に1台導入されたローザロングボディのPA-車。エンジンは4M50型で、前後輪ともエアサス。スイングドア・黒色サッシのハイグレード仕様。特定車として使用されていた。

4301（三菱ふそうPA-ME17DF）

前年に引き続き導入されたエアロミディMEノンステップバスのPA-車。茜浜に配置され、市川から移った4302・4303とともに、幕張新都心回遊バス「ポケットバス」に使用された。

260（三菱ふそうPA-ME17DF）

レインボーバスが初めて採用したエアロミディMEノンステップバスのPA-車。前中折戸・黒枠逆T字型窓のスタイルは京成バスの4301に準じている。白井に1台が配置されている。

KS7307（三菱ふそうPA-MK25FJ）

京成バスシステムが2台を自社発注したエアロミディMKワンステップバスのPA-車。スクールバスとして使用される貸切車だが、スタイルは前年の京成バスの路線車と同じである。

3397（三菱ふそうPJ-MP35JM）

松戸に1台配置された中間尺エアロスターワンステップバスのPJ-車。京成バスはこのあと、日産ディーゼル製エンジンになったエアロスターPKG-車の導入を3年間見送っている。

261（三菱ふそうPJ-MP37JM）

レインボーバスが1台だけ購入した中間尺エアロスターノンステップバスのPJ-車。ボディスタイルは前年までの京成バスの車両とほぼ同じである。船尾の所管路線で使用されている。

5367（三菱ふそうPJ-MS86JP）

前年に続いて11台導入されたエアロバスのPJ-車。6M70型エンジンと直結式冷房を装備する後部トイレつき47人乗りの高速車。なお、高速車のボディカラーは2007年に一新された。

6210（日野PKG-RU1ESAA）

フラワーバスが初めて2台採用した新型セレガハイデッカー。後部トイレつきの52人乗り。京成バスのガーラと異なる折戸仕様で、新高速カラーに名産のイチゴがあしらわれている。

1204（いすゞPKG-RU1ESAJ）

前年に続いて採用されたガーラハイデッカーのPKG-車。後部トイレつきの53人乗り。こちらは前年のガーラと同じスイングドアだが、この年から新高速カラーが採用されている。

2008（平成20）年の車両

　2008（平成20）年は全型式が「平成17年排出ガス規制」適合のPKG-車・PDG-車・BKG-車・BDG-車となった。路線タイプは京成バスがいすゞエルガと日野ブルーリボンⅡを導入。日野ブルーリボンシティハイブリッドも増備されたが、三菱車の採用は見送られている。タウンバスはいすゞエルガとエルガミオ、グリーンバスはいすゞエルガとジャーニーJ、フラワーバスは日野ブルーリボンⅡの一般路線車と特急車を増備。高速タイプは引き続きいすゞエルガハイデッカーが採用されたほか、初めて三菱エアロエースが登場している。

5377（三菱ふそうBKG-MS96JP）

2008年に初めて採用されたエアロエース。6M70型エンジンのBKG-車である。直結式冷房のワイドトランク仕様。後部トイレつき48人乗りの12台が千葉で成田空港連絡路線に使用された。

6323（日野PDG-KV234Q2）

フラワーバスが導入した長尺ブルーリボンⅡツーステップバスのPDG-車。前折戸・黒枠T字型窓・AT仕様で55人乗りの特急車である。2008年に3台、2010年に1台が新製されている。

1205（いすゞ PKG-RU1ESAJ）

前年に続いて導入されたガーラハイデッカーのPKG-車。スイングドア・T字型窓で後部トイレつき53人乗りの高速車である。4台が奥戸に配置されたが、1台が長沼に転属している。

T028（いすゞ PDG-LV234N2）

タウンバスが初めて2台採用した中間尺エルガノンステップバスのPDG-車。アリソン製のトルコンATを装備する。京成バスには同型でMTのPKG-車が7台導入されている。

2263（いすゞ PKG-LV234L2）

2008年に初めて採用された短尺エルガノンステップバスのPKG-車。デンソー製の冷房が搭載されたMT車である。市川に2263～2270の8台、千葉に5234～5238の5台が配置された。

CG173（いすゞ PKG-LV234L2）

グリーンバスが前年に続いて2台導入した短尺エルガワンステップバスのPKG-車、サーモキング製冷房のMT車である。京成バスはデンソー製冷房の5231～5233を千葉に配置した。

M235（いすゞ PDG-LR234J2）

トランジットバスが前年に続いて1台購入したエルガミオノンステップバスのPDG-車。デンソー製の冷房を持つAT車。タウンバスは同型のAT車を2008～2011年に11台購入している。

M525（日野BDG-RR7JJBJ）

レインボーバスとトランジットバスに1台ずつあるガーラミオ。メルファのOEM供給モデル。レインボーバスは自社発注、トランジットバスは東京ベイシティ交通から購入した。

KS1110（いすゞ BDG-RX6JFBJ）

京成バスシステムに3台在籍したジャーニーJ。日野リエッセのOEM供給モデル。東京ベイシティ交通から京成バスを経て移籍し、緑のラインを入れた同社の路線カラーとなった。

CG175（いすゞ BDG-RX6JFBJ）

グリーンバスが1台を自社発注したジャーニーJ。中扉のグライドスライドドアにリフトを装備している。2009年にはレインボーバスも同型車を購入。いずれも一般路線車である。

4480（日野BJG-HU8JMFP）

前年度に引き続き増備された中間尺ブルーリボンシティハイブリッドノンステップバスのBJG-車。茜浜の3台は「カモメバス」カラー、船橋・長沼の3台は一般路線カラーで登場した。

4487（日野PDG-KV234Q2改）

2008年に初めて導入された長尺ブルーリボンⅡワンステップバスのPDG-車。アリソン製ATを装備し、前中4枚折戸のボディを持つ。「カモメバス」カラーの1台が茜浜に配置された。

3403（日野PDG-KV234N2）

同じく初めて導入された中間尺ブルーリボンⅡノンステップバスのPDG-車。アリソン製ATを装備している。新製が見送られたエアロスターに代わり、松戸に2台配置されている。

N538（日野PKG-KV234N2）

同じく初めて導入された中間尺ブルーリボンⅡワンステップバスのPKG-車。こちらはMT仕様で長沼に1台配置されたが、4枚折戸だった中間尺のPJ-車と異なり引戸になっている。

4481（日野PKG-KV234L2）

同じく初めて導入された短尺ブルーリボンⅡワンステップバスのPKG-車。MT仕様の7台が松戸・船橋・長沼に配置された。この年には同型のAT車をフラワーバスが1台増備している。

N544（日野PDG-KV234L2）

左のワンステップバスと並行して採用された短尺ブルーリボンⅡノンステップバス。2008年に10台、2009年に6台新製された。このうちN544はATのPDG-車、他はMTのPKG-車である。

E501（日野BDG-HX6JLAE）

前年に続いて1台採用されたポンチョロングのBDG-車。2枚扉・逆T字型窓である。金町に新製配置されたが、2007年式の船橋の1台とともに江戸川に転属して契約輸送用となった。

2702（日産PDG-EHW41）

契約輸送を行う特定車として、前述のシビリアンKK-車とともに購入したPDG-車。エンジンはZD30DD型で、前後輪ともリーフサス。折戸・銀色サッシのボディが架装されている。

2009（平成21）年の車両

　2009（平成21）年も引き続き「平成17年排出ガス規制」適合型式が導入された。京成バスはいすゞエルガとガーラ、日野ブルーリボンⅡ・ブルーリボンシティハイブリッド・ポンチョとセレガ、三菱エアロエースを増備。タウンバス・グリーンバスはいすゞエルガミオ、レインボーバスは三菱エアロスター、シティバスは三菱エアロエースを導入している。なお、2009年以降は2019年取材時の写真を掲載する。この取材では型式・タイプごとに1台を撮影したため、全型式・全年式の写真を紹介できないことをご容赦いただきたい。

262（三菱ふそうPKG-MP35UM改）

レインボーバスが2009年と2010年に1台ずつ新製した中間尺エアロスターノンステップバスのPKG-車。日産ディーゼルMD92型エンジンが搭載された京成バスにはない車種である。

2275（いすゞ PKG-LV234L2）

短尺エルガのPKG-車。デンソー製冷房のMT車である。京成バスがノンステップバスを2009年に8台、2010年に2台、ワンステップバスを2009年に3台、2010年に2台導入している。

CG178（いすゞ PDG-LR234J2）

グリーンバスが2009・2010年に3台を自社発注したエルガミオノンステップバスのPDG-車。サーモキング製の冷房を装備するMT車。のちに貸切車と特定車に1台ずつ転用されている。

KS7404（日野PKG-KV234Q2）

長尺ブルーリボンⅡワンステップバスのPKG-車。京成バスシ
ステムが契約輸送用の貸切車として２台導入した。京成バスの
長尺ワンステップバスと異なり中引戸・MT仕様である。

C516（日野PDG-KR234J2）

シティバスに１台が在籍するレインボーⅡワンステップバスの
PDG-車。デンソー製の冷房を装備するMT車である。千葉交通
が2009年に新製した車両を中古購入したものである。

KS7406（日野BDG-RR7JJBA）

京成バスが契約輸送用として１台採用したメルファ。エンジン
はJ07E型。スイングドア・Ｔ字型窓のスタンダードデッカー
だが、シート部分が段上げされたハイグレード車である。

H719（日野BDG-RX6JFBA）

京成バスが貸切車として１台購入したリエッセのBDG-車。ス
イングドアを装備するハイグレード車。船橋高速貸切センター
から、2012年に開設された新習志野高速営業所に転属した。

8414（日野BDG-HX6JLAE）

前年に続いて導入されたポンチョのBDG-車。２枚扉・逆Ｔ字
型窓である。荒川区のコミュニティバスや狭隘路線用として、
金町には2009〜11年式のポンチョが計５台配置されている。

C302（三菱ふそうBKG-MS96JP）

シティバスが高速路線用として初めて新製したエアロエースの
BKG-車。直結冷房仕様で後部トイレつきの48人乗りである。
2009年、同型の高速車は京成バスにも２台導入された。

H211（いすゞPKG-RU1ESAJ）

前年に引き続き導入されたガーラハイデッカーのPKG-車。後
部トイレつき53人乗りの高速車である。新製時は奥戸に配置さ
れたが、経年とともに全車が新習志野に転属している。

N801（日野PKG-RU1ESAA）

2009年に初めて採用されたセレガハイデッカーのPKG-車。後
部トイレつき53人乗りの高速車である。新たに高速バスを所管
した長沼に３台、船橋高速貸切センターに１台配置された。

2010(平成22)年の車両

　2010(平成22)年も「平成17年排出ガス規制」適合型式が増備され、一部に「ポスト新長期規制」適合のLKG-車が登場した。幕張新都心にメルセデスベンツの連節バスが投入されて注目を集めた。このほかの路線車として、京成バスが3メーカー、タウンバス・グリーンバスがいすゞ製、フラワーバスが日野製、レインボーバスが日野・三菱製を導入。高速車は京成バスがいすゞ・三菱製、グリーンバスがいすゞ製、フラワーバスが日野製を増備した。なお、9月には高速バスの新たな基地として、奥戸営業所東雲車庫が開設された。

4829(メルセデスベンツ・シターロG)

ボルボ製連節バスの後継車として、茜浜に15台新製配置されたシターロG。エンジンはベンツOM470。ベンツ純正のジャディットグリーンに1台ずつ異なるカラーのラインが入る。

3303(三菱ふそうLKG-MP37FM)

京成バスが3年ぶりに採用したエアロスター。6M60型エンジンとアリソン製トルコンATを組み合わせた中間尺のLKG-車である。2010年に3台、2011年に5台、2012年に2台新製された。

E154（いすゞPKG-LV234N2）

2008年に続いて導入された中間尺エルガノンステップバスのPKG-車。デンソー製の冷房を装備するMT車で、ボディスタイルに変化は見られない。江戸川・金町に7台配置された。

2152（いすゞLKG-LV234L3）

2010年から採用が開始された短尺エルガのLKG-車。エンジンはPKG-車と同じ6HK1型で、デンソー製冷房を装備するMT車である。本型式のワンステップバスはこの1台だけである。

N413（日野PKG-KV234L2）

前年に引き続き増備された短尺ブルーリボンⅡノンステップバス。デンソー製の冷房を屋根に載せたスタイルは前年式と変わらない。2010年はMTのPKG-車のみ12台が新製された。

N548（日野BJG-HU8JMFP）

前年に引き続き導入された中間尺ブルーリボンシティノンステップバスのBJG-車。一般路線カラーで長沼と千葉に1台ずつ、「シャトル☆セブン」カラーで江戸川に4台配置された。

6108（日野BDG-HX6JLAE）

フラワーバスが2010年に1台採用したポンチョロングのBDG-車。1枚扉・逆T字型窓で、座席定員を重視した仕様となっている。山武市コミュニティバス「さんバス」に使用された。

KS7313（三菱ふそうLKG-MP35FM）

京成バスシステムが2010年に3台導入した中間尺エアロスターワンステップバスのLKG-車。エンジンは6M60型で、アリソン製のトルコンATを装備する。契約輸送に使用されている。

0051（トヨタLDF-KDH223B）

2010年と2012年に1台ずつ採用されたハイエースコミューター。1KD型ディーゼルエンジンのAT車で、船橋市の田喜野井地区循環バスに使用。2019年にはQDF-車2台が増備された。

CG701（日野PKG-RU1ESAJ）

グリーンバスが初めて導入したガーラのPKG-車。後部トイレつきの53人乗りで、2010年に開業したマイタウンバス・ダイレクトバスに使用。同型車1台が奥戸に配置されている。

N804（日野BJG-RU1ASAR）

2010年に1台だけ採用されたセレガハイブリッド。A09C型エンジンをモーターがアシストする。後部トイレつき53人乗りの高速車であったが、現在は習志野で貸切車として活躍する。

5382（三菱ふそうBKG-MS96JP）

前年に引き続き増備されたエアロエースのBKG-車。直結冷房とワイドトランクを備えたスタイルは前年式と同じである。千葉に2台が配置され、成田空港発着路線に使用された。

KS6367（三菱ふそうBKG-MS96JP）

京成バスシステムが2010年に初めて1台採用したエアロクィーン。6M70型エンジンが搭載されたBKG-車である。室内は正席45＋補助席5の50人乗りで、サロンとしても使用できる。

5384（三菱ふそうLKG-MS96VP）

2010年に初めて3台登場したエアロエースのLKG-車。エンジンが6R10型に変更された。後部トイレつき45人乗りの高速車である。本型式は2011年と2012年にも1台ずつ増備された。

KS6368（三菱ふそうLKG-MS96VP）

京成バスシステムが2台新製したエアロクィーンのLKG-車。2010年式のKS6368は50人乗りのセミサロン、2011年式のKS6369は中央トイレつき39人乗りのセミサロンとなっている。

2011（平成23）年の車両

　2011（平成23）年は大型のLKG-車・LDG-車が出揃ったが、中小型はPDG-車・BDG-車が増備されている。一般路線バスは京成バスが3メーカーの大型、いすゞ・日野の中型、日野の小型を採用。タウンバスがいすゞの中型、トランジットバスがいすゞの大型、レインボーバスが日野の小型を導入した。高速バスは京成バスがいすゞ・三菱車、グリーンバスがいすゞ車を増備。貸切バスは一般貸切用として京成バスシステムが三菱車、契約輸送用として京成バス・グリーンバスがいすゞ車、京成バスシステムが日野車・三菱車を採用した。

2279（いすゞ LKG-LV234L3）

2010年から採用が開始された短尺エルガのLKG-車。デンソー製の冷房を装備するMT車である。ノンステップバスは2010年に2台、2011年に8台、2012年に3台が千葉県に配置された。

E162（いすゞ LKG-LV234N3）

中間尺エルガノンステップバスのLKG-車。デンソー製冷房のMT車。2010年に2台、2011年に4台、2012年に2台を都内に配置。本型式を最後に都内の一般路線車は短尺に変更される。

M238（いすゞ LDG-LV234N3）

トランジットバスが2011年に2台、2012年に1台を新製した中間尺エルガノンステップバスのLDG-車。アリソン製トルコンATを装備する本型式はトランジットバスだけに在籍する。

E002（いすゞ LKG-LV234Q3）

京成バスが１台だけ採用した長尺エルガワンステップバスの
LKG-車。前中引戸仕様のMT車。契約輸送用として江戸川に配
置され、東雲に転属したが、再び江戸川に戻っている。

CG817（いすゞ LKG-LV234Q3）

グリーンが１台だけ導入した長尺エルガツーステップバスの
LKG-車。トップドア・引き違い窓のMT車で、グリーンバスで
初めてデンソー製冷房を装備。契約輸送に使用されている。

8123（いすゞ PDG-LR234J2）

京成バスが初めて購入したエルガミオノンステップバスの
PDG-車。狭隘路線や閑散路線の多くがグループ会社に移管さ
れたため、京成バスの本型式はこの１台だけとなっている。

1416（日野PDG-KR234J2）

京成バスが初めて購入したレインボーⅡノンステップバスの
PDG-車。松戸所管の狭隘路線に２台が運用されていたが、１台
は習志野を経て奥戸に、１台はシティバスに移籍している。

CG702（いすゞ LKG-RU1ESBJ）

グリーンバスが2011年に１台を自社発注したエルガハイデッカーのLKG-車。後部トイレつき53人乗りの高速車である。本型式は
京成バスも2011年に６台、2012年に２台を新製している。

2461（日野LKG-KV234L3）

京成バスが導入した短尺ブルーリボンⅡノンステップバスのLKG-車。デンソー製冷房装置のMT車である。2011年と2012年に3台ずつ新製され、当初は船橋と長沼に配置されていた。

0803（日野SDG-KR290J1）

京成バスが2011年に初めて1台採用したレインボーⅡノンステップバスのSDG-車。アイシン製のトルコンATを装備する。当初は長沼に配置されていたが、新都心→習志野に転属した。

KS7802（日野BDG-RR7JJBA）

京成バスシステムが2009年に続いて1台採用したメルファ。2009年の車両とは異なり、前面2枚窓・折戸・引き違い窓の平床仕様である。契約輸送用の貸切車として使用されている。

KS7317（三菱ふそうSKG-MK27FH）

京成バスシステムが3台新製したエアロミディMKノンステップバスのSKG-車。エアロミディSに代わって登場した型式で、エンジンは引き続き6M60型。契約輸送に使用されている。

265（三菱ふそうLKG-MP37FM）

レインボーバスが1台だけ自社発注した中間尺エアロスターのLKG-車。アリソン製ATが搭載されている。京成バスの本型式の冷房はデンソー製だが、こちらは三菱製となっている。

2012(平成24)年の車両

　2012(平成24)年は「ポスト新長期規制」適合のQPG-車・QKG-車・SKG-車・SDG-車などの導入が開始された。一般路線車は3メーカーの大型、いすゞの中型、日野の小型を導入。トランジットバスはいすゞの大型・中型、フラワーバスは日野の大型、レインボーバスは三菱の大型を採用した。高速車はいすゞエルガと三菱エアロバスを導入。京成バスシステムもエアロバスを採用した。8月に茜浜車庫が廃止され、新都心営業所・新習志野高速営業所が営業を開始。12月に船橋営業所(花輪車庫)が廃止され、習志野出張所が開設された。

4506(日野LJG-HU8JMGP)

中間尺ブルーリボンシティハイブリッドのLJG-車。2011年に「シャトル☆セブン」用の2台、2012年に「シャトル☆セブン」用の2台、幕張新都心用の1台、一般路線用の2台が新製された。

4515(日野QKG-KV234Q3改)

2012年に1台だけ採用された長尺ブルーリボンⅡワンステップバスのQKG-車。エンジンは6HK1型で、アリソン製ATを装備。前中4枚折戸・「カモメバス」カラーで新都心に配置された。

4509(日野QPG-KV234Q)

同じく2012年に1台採用された長尺ブルーリボンⅡワンステップバスのQPG-車。エンジンは6HK1型で、こちらはMT仕様。前中引戸・「カモメバス」カラーで茜浜に新製配置された。

0508（日野QPG-KV234L3）

2012年から導入が開始された短尺ブルーリボンⅡノンステップバスのQPG-車。6HK1型エンジンを持つMT仕様。2012・13年式は側面表示器が従来どおり戸袋前に設置されている。

6448（日野QDG-KV234L3）

フラワーバスが2012年に1台自社発注した短尺ブルーリボンⅡノンステップバスのQDG-車。エンジンは6HK1型。フラワーバスのKVはPDG-車からアリソン製のATを装備している。

1411（日野SDG-HX9JLBE）

初めて登場したポンチョロングのSDG-車。エンジンはJ05E型で、AT仕様が選択された。11台は下記のEVに似たマスクと天側窓を持ち、墨田区コミュニティバスに使用されている。

8417（日野SDG-HX9JLBE）

金町に3台投入された標準マスクのSDG-車。2枚扉のAT車。荒川区コミュニティバスに使用。標準マスクで2枚扉のポンチョは2017年までにグループ各社を合わせ34台導入された。

1401（日野SKG-HX9JLBE改）

上記のディーゼル車11台とともに墨田区コミュニティバスに投入された電気バス。米国製モーターを使用して日野が改造したもので、オリジナルのフロントマスクが採用された。

N127 (いすゞ QPG-LV234L3)

2012年に初めて導入された短尺エルガのQPG-車。エンジンは6HK1型で、本型式はMT仕様となっている。2012年式のN127、2013年式のN136・N137・2153はワンステップバスである。

2291 (いすゞ QDG-LV234L3)

2012年に1台だけ採用された短尺エルガノンステップバスのQDG-車。エンジンは6HK1型で、アリソン製トルコンATを装備。冷房装置はデンソー製である。市川に新製配置されている。

CG181 (いすゞ SKG-LR290J1)

グリーンバスが2012年に初めて導入したエルガミオノンステップバスのSKG-車。4HK1型エンジンのMT車で、冷房はサーモキング製。2013年に同型のCG183・CG184が増備された。

T041 (いすゞ SDG-LR290J1)

エルガミオノンステップバスAT仕様のSDG-車。2102・3201・3202とトランジットバスのM245・M246は側面表示器が戸袋にあり、タウンバスのT054～T057はコンセントを装備する。

1225 (いすゞ QPG-RU1ESBJ)

2012年の上期に採用されたガーラハイデッカーのQPG-車。エンジンはLKG-車と同じE13C型が搭載されている。後部トイレつき52人乗り高速車で、奥戸に5台が新製配置されている。

E164（いすゞ QQG-LV234N3）

2012年に初めて登場したエルガハイブリッドバス。6HK1型エンジンをモーターがアシストするAMT仕様である。中間尺ノンステップバス1台が「シャトル☆セブン」に使用されていた。

266（三菱ふそうQKG-MP37FM）

レインボーバスが1台新製した中間尺エアロスターノンステップバスのQKG-車。エンジンはLKG-車と同じ6M60型で、アリソン製のATを装備。冷房がデンソー製に変更されている。

KS7318（三菱ふそうLKG-MP35FM）

京成バスシステムが2年ぶりに1台導入した中間尺のエアロスター。2010年式の3台とは異なり、トップドアのツーステップバス。冷房装置は三菱製。契約輸送用の貸切バスである。

H635（三菱ふそうQRG-MS96VP）

2012年に初めて導入されたエアロエースのQRG-車。エンジンは6R10型で、冷房は屋根上直結式。本型式の後部トイレつき48～52人乗りの仕様は、2015年までに21台新製されている。

5633（三菱ふそうQRG-MS96VP）

格安運賃の成田空港連絡バス「Tokyo Shuttle」用のエアロエースで、千葉・新習志野と京成バスシステムに計9台在籍。オリジナルカラーで、トイレのない52・55人乗り。同路線の運行終了により、廃車または貸切転用が行われた。

2013（平成25）年の車両

　2013（平成25）年もQPG-車やSKG-車などが増備された。京成バスは３メーカーの大型・中型と日野の小型を導入。いすゞエルガハイブリッドも採用した。タウンバス・トランジットバスにいすゞの中型、グリーンバスにいすゞの大型・中型、シティバスにいすゞの中型、レインボーバスに日野の大型・小型が導入された。高速車は京成バスがいすゞガーラ・三菱エアロエースを増備。京成バスシステムもエアロエースを採用した。貸切車は京成バスシステムが三菱エアロクィーン・エアロエース・日野セレガショートを導入している。

3313（三菱ふそうQKG-MP37FK）

2012年に２台、2013年と2014年に１台ずつ導入されたエアロスターノンステップバスのQKG-車。LKG-車と同じ6M60型エンジンのAT車だが、QKG-車では短尺タイプが選択されている。

KS7319（三菱ふそうQKG-MP35FP）

京成バスシステムが2013年に１台だけ新製した長尺エアロスターワンステップバスのQKG-車。6M60型エンジンのトルコンAT車で、冷房はデンソー製。契約輸送に使用されている。

KS6370（三菱ふそうQRG-MS96VP）

京成バスシステムが１台採用した貸切車のエアロエース。屋根上直結式冷房とフルカラーLEDの社名・行先表示器を装備。高速車にも使用できる後部トイレつき49人乗りである。

2297（いすゞQPG-LV234L3）

京成バスが2012〜15年に計20台導入した短尺エルガノンステップバスのQPG-車。6HK1型エンジンのMT車。2297・2298・2111〜2113・5251・5254〜5257は側面表示器が戸袋にある。

CG182（いすゞQPG-LV234L3）

グリーンバスが2013年に1台新製した短尺エルガノンステップバスのQPG-車。同社初の大型ノンステップバスである。冷房装置はサーモキング製で、側面表示器は戸袋の隣にある。

8132（いすゞSKG-LR290J1）

京成バスが2012〜15年に導入したエルガミオノンステップバスのSKG-車。冷房はデンソー製で、都内配置車は側面表示器が戸袋の隣。グリーンバスのCG185・CG188〜CG193も同型。

CG818（トヨタLDF-KDH223B）

グリーンバスが2013年に2台採用したハイエースコミューターのLDF-車。1KD型ディーゼルエンジンのAT・2WD車で、乗客定員は12人。「しすいふれ愛タクシー」に使用されている。

4521（日野QPG-KV234N3）

京成バスが2013年に初めて1台採用した中間尺ブルーリボンⅡノンステップバスのQPG-車。6HK1型エンジンのMT車である。「カモメバス」カラーに塗られ、新都心に配置されている。

163（日野QKG-KV234N3）

レインボーバスが2013年に1台導入した中間尺ブルーリボンⅡノンステップバスのQKG-車。6HK1型エンジンのAT車である。同型のAT車には京成バスが2014年に新製した4522がある。

KS6803（日野SDG-RU8JHBA）

京成バスシステムが2013年に1台だけ採用したセレガハイデッカーショートのSDG-車。J08E型エンジンを装備するMT車。27人乗りセミサロンの貸切車として使用されている。

1239（いすゞQRG-RU1ASCJ）

京成バスのガーラの高速車は、2012年下期からA09C型エンジンに変更されている。QRG-車は2015年まで増備。後部トイレつき52・53人乗りで、グリーンバスのCG703も同型である。

2014（平成26）年の車両

　2014（平成26）年も引き続きQPG-車やSKG-車などが増備された。京成バスは3メーカーの大型・中型を導入。都内の大型が短尺タイプとなり、幕張新都心に中間尺タイプが配置された。タウンバスはいすゞの中型、トランジットバスはいすゞの大型、グリーンバスはいすゞの中型と日野の小型、フラワーバス・京成バスシステムは日野の小型を導入した。高速車は京成バスがいすゞガーラ・日野セレガ・三菱エアロエースを増備。夜行用にプラネタリウムのような演出を施した三菱エアロクィーン「K★スター・ライナー」が登場した。

2101（いすゞ QQG-LV234L3）

京成バスが2013・14年に22台採用した短尺エルガハイブリッドのQQG-車。6HK1型エンジンのAMT車である。2101・2103・2107・2110・5250・5252・5253は側面表示器が戸袋にある。

E168（いすゞ QQG-LV234L3）

同じく短尺エルガハイブリッドのQQG-車だが、2013年式の全車と2014年式の江戸川・金町・松戸配置車は側面表示器が戸袋の前。ただし、江戸川配置車の一部は長沼に転属した。

M247（いすゞ QQG-LV234N3）

トランジットバスが2014年に1台新製した中間尺エルガハイブリッドのQQG-車。6HK1型エンジンのAMT車で、バッテリーは客室最後部にある。側面表示器が戸袋に設けられている。

M250（いすゞQKG-LV234N3）

トランジットバスが2014年に１台だけ導入したエルガノンステップバスのQKG-車。エンジンは6HK1型で、アリソン製のトルコンATを装備する。側面表示器が戸袋に設置されている。

2108（いすゞSKG-LR290J1）

京成バスが2013・14に導入したエルガミオノンステップバスのSKG-車のうち、中乗り前降りの市川に新製配置された2299・2104〜2106・2108・2109は側面表示器が戸袋にある。

0527（日野QPG-KV234L3）

2012年から採用されてきた短尺ブルーリボンⅡノンステップバスのQPG-車だが、2014・15年式の習志野の0522〜0532・0534・0535と長沼のN575は側面表示器が戸袋に変更された。

6109（日野SDG-HX9JLBE）

フラワーバスが2014年に１台だけ採用したポンチョロングのSDG-車。座席定員の多い１枚扉で、AT仕様が選択されている。山武市コミュニティバス「さんバス」に使用されている。

N806（日野QRG-RU1ASCA）

京成バスが2014年に３台導入したセレガハイデッカーのQRG-車。同年式のガーラと同じA09C型エンジンのモデルである。後部トイレつき52人乗りの高速車で、長沼に配置されている。

KS6804（日野QPG-RU1ESBA）

京成バスシステムが2014年に１台だけ採用したセレガスーパーハイデッカーのQPG-車。エンジンはE13C型で、屋根まで続くアクセントラインを持つ。51人乗りのセミサロンである。

H650（三菱ふそうQRG-MS96VP）

「K★スター・ライナー」と名づけられたエアロクィーン。中央トイレつき28人乗りの夜行高速車である。消灯後の天井には、H650は南半球、H651は北半球の星空が映し出される。

KS6603（三菱ふそうQRG-MS96VP）

京成バスシステムが2013年に２台、2014年に１台新製したエアロクィーンのQRG-車。Ｔ字型窓の貸切車。6601は45人乗り、6602は中央トイレつき39人乗り、6603は51人乗りである。

2015（平成27）年の車両

　2015（平成27）年も引き続きQPG-車やSKG-車などが増備された。一般路線車に初めて新型いすゞエルガ・日野ブルーリボンが登場。京成バスとタウンバスで採用された。奥戸には台東区コミュニティバス用としていすゞエルガミオを配置。タウンバス・レインボーバスで日野ポンチョが採用された。高速車は京成バスがいすゞガーラと三菱エアロエース、夜行用の三菱エアロクィーンを増備。京成バスシステムが日野セレガを導入した。貸切車は京成バスシステムが日野セレガスーパーハイデッカーとエアロエースを採用している。

3325（三菱ふそうTKG-MK27FH）

2013〜15年に13台が松戸に配置されたエアロミディMKのTKG-車。6M60型エンジンのMT車で、側面表示器は戸袋にある。3325は沿線の「矢切の渡し」のラッピングが施されている。

H654（三菱ふそうQTG-MS96VP）

2015年に1台だけ採用されたエアロクィーンのQTG-車。エンジンはQRG-車と同じ6R10型である。中央トイレつき28人乗りの「K★スター・ライナー」で、惑星の星空が映し出される。

KS6604（三菱ふそうQTG-MS96VP）

2014年から初めて採用されたエアロエースのQTG-車。エンジンはQRG-車と同じ6R10型。京成バスシステムのKS6604は、高速車にも使用できる後部トイレつき49人乗りの貸切車である。

KS7320（三菱ふそうQKG-MP35FM）

京成バスシステムが2015年に1台だけ採用した中間尺エアロスターワンステップバスのQKG-車。6M60型エンジンのAT車で、新型のフロントマスクを持つ。契約輸送用貸切車である。

5261（いすゞQDG-LV290N1）

短尺・ATの新型エルガは2015～17年に導入。タウンバスはコンセントを装備し、市川・千葉・トランジットバス・グリーンバス・京成バスシステムは側面表示器が戸袋にある。

T058（いすゞQKG-LV234L3）

2014年からは都内配置車も短尺となり、AT仕様が選択された。2014年に4台、2015年に7台が新製されたほか、タウンバスも3台を採用。T058・T059はコンセントを装備している。

8150（いすゞQSG-LV234L3）

2015年に6台、2016年に4台、2017年に1台導入されたエルガハイブリッドノンステップバスのQSG-車。6HK1型エンジンのAMT車である。2200は側面表示器が戸袋に設置されている。

4529（日野QPG-KV234N3）

2013年に登場した中間尺ブルーリボンⅡノンステップバスのQPG-車だが、2014・15年式は側面表示器が戸袋に設置されている。「カモメバス」カラーの8台が新都心に配置された。

N578（日野SKG-KR290J1）

京成バスが2013～16年に計13台採用したレインボーⅡノンステップバスのSKG-車。4HK1型エンジンを装備するMT車である。2014～16年式は側面表示器が戸袋に設置されている。

6101（日野SKG-XZB50M）

フラワーバスが2015年に1台導入したリエッセⅡロングボディのSKG-車。出力110kWのN04C（VJ）型エンジンが搭載されたAT車である。八街市「ふれあいバス」に使用されている。

R715（日野SDG-XZB50M）

トランジットバスが1台だけ採用したリエッセⅡロングボディのSDG-車。出力132kWのN04C（VK）型エンジンが搭載されたAT車である。スイングドアの契約輸送用貸切車である。

2016（平成28）年の車両

　2016（平成28）年もQDG-車やSKG-車などが導入された。一般路線車に新型いすゞエルガミオ・日野レインボーが登場。京成バス・タウンバス・トランジットバス・グリーンバスで採用された。大型では日野ブルーリボンハイブリッドを初めて導入。いすゞエルガハイブリッドも増備された。新型エルガがトランジットバス・グリーンバス・シティバスでも採用されている。高速車は京成バスがいすゞガーラとリフトつき日野セレガ、シティバスがセレガを新製。貸切車は京成バスシステムがセレガスーパーハイデッカーを増備した。

0539（日野QSG-HL2ANAP）

2016年に初めて採用されたブルーリボンハイブリッド。A05C型エンジンのAMT車である。短尺のQSG-車は2016・17年式9台が習志野・長沼に新製配置され、側面表示器が戸袋にある。

4534（日野QSG-HL2ASAP）

2016年に3台導入された長尺ブルーリボンハイブリッドのQSG-車。AMT仕様で、A05C型エンジンをモーターがアシストする。「カモメバス」カラーで、側面表示器が戸袋にある。

4535（日野QPG-KV290Q1）

2015～17年に6台採用された長尺ブルーリボンのQPG-車。4HK1型エンジンのAT車で、再びエルガと同じマスクになった。「カモメバス」カラーに塗られ、側面表示器が戸袋にある。

N590（日野SKG-KR290J2）

2016年に初めて登場した新型レインボー。再びエルガミオと同じマスクになった。4HK1型エンジンを持つAMT車で、側面表示器は戸袋に設置されている。長沼に2台配置されている。

8502（日野SKG-XZB50M）

契約輸送用の貸切バスとして、京成バスが2台導入したリエッセⅡロングボディのSKG-車。N04C（VJ）型エンジンのAT車である。金町に新製配置されたが、1台が松戸に転属した。

C207（いすゞQPG-LV290Q1）

シティバスが1台だけ自社発注した長尺エルガのQPG-車。AT仕様が選択されている。本型式は2017年に京成バスが3台を市川に投入したが、そちらは側面表示器が戸袋にある。

8203（いすゞSKG-LR290J2）

2016年に初めて登場した新型エルガミオ。4HK1型エンジンのAMT車。グループ4社が2016・17年式の7台を導入。タウンバスはコンセントを装備し、他は側面表示器が戸袋にある。

3326（三菱ふそうQKG-MP38FK）

2014～16年に4台投入されたエアロスターノンステップバスのQKG-車。6M60型エンジンのAT車で、MP37FKに続き短尺タイプが選択されている。側面表示器が戸袋に設置された。

3603（三菱ふそうTPG-BE640G）

契約輸送用として松戸に2台配置されたローザロングボディのTPG-車。4P10型エンジンを持つAMT車で、前輪は独立懸架、後輪はリーフサス。スイングドア・黒枠窓の仕様である。

H504（日野QTG-RU1ASCA改）

京成バスが2016年に1台採用したリフトつきのセレガハイデッカー。後部トイレつき50人乗りの高速車で、当初は鍛冶橋駐車場～成田空港間「有楽町シャトル」に運用されていた。

1265（いすゞQTG-RU1ASCJ）

2015年に5台、2016年に7台、2017年に9台導入されたエルガハイデッカーのQTG-車。エンジンはA09C型。後部トイレつきで、2015・16年式が52人乗り、2017年式が54人乗りである。

2017（平成29）年の車両

　2017（平成29）年は「ポスト・ポスト新長期規制」適合の2DG-車・2KG-車・2PG-車が登場し、今日まで続く最新モデルが稼働を開始した。一般路線車は京成バスが3メーカーの大型といすゞの中型、日野の小型を導入。タウンバス・グリーンバスがいすゞの大型・中型、トランジットバスがいすゞの中型、レインボーバスが日野の中型・小型を採用した。高速車は京成バスがリフトつきを含むいすゞ製と日野・三菱製、シティバスが日野製を導入。貸切バスは京成バスシステムが豪華仕様の日野セレガスーパーハイデッカーを新製した。

KS6810（日野QRG-RU1ESBA）

京成バスシステムが2014 ～ 17年に5台導入したセレガスーパーハイデッカーのQRG-車。KS6810は後部パウダールームつき32人乗りの特別車「鳳凰」、他は50・51人乗りである。

E710（いすゞ2PG-LV290Q2）

2017年に10台、2019年に3台採用された長尺エルガの2PG-車。4HK1型エンジンのAT車である。いずれも「シャトル☆セブン」専用車で、オリジナルの内外装で江戸川に配置された。

T070（いすゞ2DG-LV290N2）

この年初めて京成バス・タウンバス・トランジットバス・グリーンバスに登場した短尺エルガの2DG-車。4HK1型エンジンのAT車。タウンバスの車両はコンセントが設置されている。

CG199（いすゞ 2KG-LR290J3）

2017 ～ 19年式の計15台が京成バスとグループ４社に在籍するエルガミオの2KG-車。4HK1型エンジンのAMT車である。タウンバスの車両以外は、側面表示器が戸袋に設置されている。

H720（日野SDG-XZB70M）

2017年にフルモデルチェンジされたリエッセⅡ。出力132kWのN04C（VK）型エンジンのSDG-車は京成バスに１台、フラワーバスに２台在籍。いずれもスイングドア仕様の貸切車である。

0557（日野QDG-KV290N1）

京成バスが2015 ～ 17年式の26台を導入した短尺ブルーリボンのQDG-車。エンジンは4HK1型で、トルコンATが選択されている。習志野・長沼に配置され、側面表示器が戸袋にある。

0560（日野2DG-KV290N2）

京成バスが2017 ～ 19年式の９台を新製した短尺ブルーリボンの2DG-車。エンジンは4HK1型で、引き続きATが選択されている。側面表示器が戸袋に設置され、習志野に配置された。

5396（三菱ふそうQTG-MS96VP）

京成バスが６台導入したエアロエースのQTG-車。後部トイレつき52人乗り高速車。同型車がトランジットバスに５台あり、京成バスにはトイレなしの「Tokyo Shuttle」用も２台あった。

1278（いすゞ QTG-RU1ASCJ改）

京成バスが2017年に１台採用したリフトつきのガーラハイデッカー。後部トイレつき50人乗りの高速車である。東雲車庫に配置され、当初は「有楽町シャトル」に使用されていた。

H505（日野QTG-RU1ASCA）

京成バスが2017年に１台導入したセレガハイデッカーのQTG-車。後部トイレつき54人乗りの高速車である。同型の２台がシティバス、トイレなしの１台が京成バスシステムに在籍する。

KS6811（日野2RG-RU1ESDA）

京成バスシステムが１台採用したセレガスーパーハイデッカーの2RG-車。E13C型エンジンのMT車で、屋根まで続くアクセントラインを持つ。48人乗りセミサロンの貸切車である。

2018（平成30）年の車両

　2018（平成30）年も2DG-車・2KG-車・2PG-車などが導入された。いすゞエルガは京成バス・タウンバス・グリーンバス・京成バスシステム、エルガミオは京成バス・タウンバスが採用。三菱エアロスターと日野ブルーリボン・ブルーリボンハイブリッドは京成バス、レインボーはレインボーバス、ポンチョは京成バス・グリーンバス・京成バスシステムが導入した。スカニア製のダブルデッカーといすゞガーラを京成バス、日野セレガをシティバス・フラワーバス、三菱エアロエースを京成バス・トランジットバスが新製している。

1801（スカニアTDX24）

京成バスが1台だけ採用したバンホールのダブルデッカー・アストロメガ。スカニアDC13型エンジンと12速AMTを装備。1階に車椅子スペースとトイレがあり、乗客定員は53人である。

H657（三菱2TG-MS06GP）

2018・19年に採用された「K★スター・ライナー」は、6S10型エンジン＋AMT仕様の本型式。中央トイレつき28人乗りで、H657は暁の空、H658はオーロラの降る空が映し出される。

車内

1310（三菱ふそう2TG-MS06GP）

京成バスが2018年に18台、2019年に3台導入したエアロエースの2TG-車。6S10型エンジンのAMT車。後部トイレつき55人乗りの高速車。同型車はトランジットバスにも2台在籍する。

1286（いすゞ2TG-RU1ASDJ）

京成バスが2017年に1台、2018台に4台新製したガーラハイデッカーの2TG-車。A09C型エンジンが搭載されたMT車である。後部トイレつき54人乗りの高速車として活躍している。

CG200（いすゞ2DG-LV290N2）

グリーンバスが2017年と2018年に2台ずつ新製した短尺エルガの2DG-車。AT仕様である。同社とトランジットバスの車両、京成バスの市川・千葉配置車は側面表示器が戸袋にある。

4543（日野2SG-HL2ASBP）

京成バスが2017年に1台、2018年に3台導入した長尺セレガハイブリッドの2SG-車。A05C型エンジンを持つAMT車である。「カモメバス」カラーをまとい、側面表示器が戸袋にある。

T074（いすゞ2KG-LR290J3）

タウンバスが2018年に1台、2019年に3台採用したエルガミオの2KG-車。4HK1型エンジンのAMT車である。2018年式のT074は座席にコンセントが設置された最後の増備車となった。

176（日野2KG-KR290J3）

レインボーバスが2017年に1台、2018年に2台導入したレインボーの2KG-車。4HK1型エンジンのAMT車である。同社はEDSSを装備した2KG-KR290J4も2019・20年に計3台新製した。

6103（日野SKG-XZB70M）

リエッセⅡロングボディのSKG-車。出力110kWのN04C（VJ）型エンジンを持つAT車。八街市「ふれあいバス」に使用されている。また本型式は京成バスも1台を中古購入している。

CG822（日産CBA-KS2E26）

グリーンバスが2018年に3台採用したキャラバスマイクロバス。QR25DE型ガソリンエンジンが搭載されたAT車である。乗客定員は9人で、佐倉市コミュニティバスに使用されている。

2019(平成31・令和元)年の車両

　2019(平成31・令和元)年も2DG-車・2KG-車・2PG-車などが導入された。いすゞエルガは京成バス・タウンバス・トランジットバス・グリーンバス、エルガミオは京成バス・タウンバス・トランジットバス・シティバスが採用。日野ブルーリボンは京成バス、レインボーはレインボーバス、ポンチョは京成バス・レインボーバス、三菱エアロスターは京成バス・京成バスシステムが導入した。高速車はいすゞガーラを京成バス、日野セレガをシティバス・フラワーバス、三菱エアロエースを京成バス・トランジットバスが新製している。

4560(日野2PG-KV290Q2)

京成バスが2017年に1台、2018年に8台、2019年に11台新製した長尺ブルーリボンの2PG-車。4HK1型エンジンのAT車。いずれも「カモメバス」カラーで新都心に配置されている。

KS6102(いすゞ2TG-RU1ASDJ)

京成バスシステムが2018年に1台採用したガーラハイデッカーの2TG-車。A09C型エンジンのMT車で、フルカラーのLED表示器を装備する。乗客定員60人の貸切車となっている。

5102(いすゞ2RG-RU1ESDJ)

2019年に4台新製されたガーラハイデッカーの2RG-車。E13C型エンジン+MT仕様で、EDSSを装備する。後部トイレつき49人乗りの高速車。2020年に5台、2021年に2台増備された。

6228（日野2TG-RU1ASDA）

フラワーバスが2018年に1台、2019年に2台導入したセレガハイデッカーの2TG-車。A09C型エンジン＋MT仕様で、EDSSを装備している。後部トイレつき54人乗りの高速車である。

1319（三菱2TG-MS06GP）

エアロエースの2TG-車のうち、京成バスの3611・3612・1317 ～ 1319とトランジットバスのM608は新型のマスクとなり、EDSSを装備する。後部トイレつき55人乗りの高速車である。

C208（いすゞ2KG-LR290J3）

シティバスが2019年に1台新製したエルガミオの2KG-車。4HK1型エンジンのAMT車である。本型式のうち京成バスとシティバスの車両は、右側窓が4枚とも逆T字型となっている。

2220（いすゞ2KG-LR290J4）

京成バスに3台在籍しているエルガミオの最新モデル。エンジンは4HK1型で、EDSSを装備し、AMT仕様が選択されている。側面表示器が2220は戸袋、1106・1107は戸袋の隣にある。

T079（いすゞ2DG-LV290N3）

タウンバスが2019年に1台、2020年に2台新製した本型式のエルガ。EDSSを装備するAT車である。タウンバスの本型式は右側窓の中央3枚が固定式で、側面表示器は戸袋の前にある。

M262（いすゞ2DG-LV290N3）

トランジットバスに2台に在籍している本型式のエルガ。EDSSを装備するAT仕様である。トランジットバスの本型式は右側窓3枚が固定式で、側面表示器が戸袋に設置されている。

CG205（いすゞ2PG-LV290N3）

グリーンバスが2019年に1台採用した本型式のエルガ。総重量が14tを超えるため、2PG-車となっている。EDSSを装備するAT車。右側窓3枚が固定式で、側面表示器が戸袋にある。

CG204（いすゞ2PG-LV290Q3）

グリーンバスが2019年に1台導入した長尺エルガの2PG-車。エンジンは4HK1型で、アリソン製のATを装備する。EDSSが装着された。右側窓4枚が固定式で、側面表示器が戸袋にある。

令和に登場した車両たち

　2020 ～ 22（令和2～4）年も2DG-車・2KG-車・2PG-車などを導入。コロナ禍により全国のバス事業者が車両更新を見送るなか、比較的多くの新車が採用されている。2020年10月にプレ開業した東京BRTには、燃料電池バスのトヨタSORAや連節バスのいすゞエルガデュオを投入。幕張新都心にも日野ブルーリボンハイブリッド連節バスが登場した。東京オリンピック開催に向け、高速車にはエレベーターつきの三菱エアロエースが導入された。またグループ各社でも一般路線車・コミュニティバス・高速車・契約貸切車が新製されている。

1009（いすゞ LX525Z1）

東京BRTのプレ開業を前に東雲に1台新製配置されたエルガデュオ。A09C型エンジンをモーターがアシストするAMTのハイブリッドバス。本格開業に向けて今後増備が期待される。

1001（トヨタZBC-MUM1NAE）

東京BRT用として2020年に5台採用されたトヨタSORA。水素の化学反応で発電し、モーターを駆動する。2022年に4台増備され、うち3台は本格開業まで契約輸送に使用されている。

1008（いすゞ 2PG-LV290Q3）

東京BRT用として3台導入された長尺エルガの2PG-車。右側窓は4枚が固定式で、側面表示器は戸袋の隣。停車中の前面表示は行先の日本語→英語→発車時刻が繰り返し表示される。

4001（日野KX525Z1）

2021年に幕張新都心に2台投入されたブルーリボンハイブリッド連節バス。A09C型エンジンのAMT車である。「カモメバス」カラーではなく、ジャディットグリーンで登場している。

4568（日野2PG-KV290Q3）

2019年に2台、2020年に1台新製された長尺ブルーリボンの2PG-車。4HK1型エンジンのAT車である。「カモメバス」カラーで、右側窓は1枚を除き逆T字型、側面表示器は戸袋にある。

0568（日野2DG-KV290N3）

2020年に1台採用された短尺ブルーリボンの本型式。4HK1型エンジンのAT車。右側窓はすべて逆T字型で、側面表示器は戸袋。京成バスの路線車は2020年から白色LEDとなった。

N597（日野2KG-KV290N3）

2022年に1台だけ導入された短尺ブルーリボンの本型式。2020年6月にエルガ・ブルーリボンのAT車の燃費が改善され、総重量14t以下の型式が2DG-車から2KG-車に変更されている。

T091（いすゞ2KG-LR290J4）

タウンバスが2020～22年に8台新製したエルガミオの本型式。T083まではAMT、T086からはAT。右側窓は2枚が固定式で、側面表示器は戸袋の隣。T091は着色ガラスが採用された。

M266（いすゞ2KG-LR290J4）

トランジットバスが2020～22年に8台採用したエルガミオの本型式。AT仕様が選択されている。右側窓は2枚が固定式で、側面表示器は戸袋。M268は創立20周年記念デザインである。

T084（いすゞ2KG-LV290N3）

タウンバスが2021年に2台導入した短尺エルガ。4HK1型エンジンのAT車だが、燃費改善により型式が2KG-車となった。右側窓は3枚が固定式で、側面表示器は戸袋の隣にある。

M270（いすゞ2RG-LV290N3）

トランジットバスが2021・22年に新製したエルガ。燃費改善より14t以下の2021年式は2KG-車、14t超の2022年式は2RG-車となった。M264・M265は創立20周年記念デザインである。

E229（いすゞ 2DG-LV290N3）

京成バスが2019・20年に25台導入した短尺エルガの本型式。右側窓は
5枚とも逆T字型、側面表示器は都内が戸袋の隣、千葉県が戸袋にあり、
2020年式は白色LEDが採用された。

KS7105（いすゞ 2KG-LV290N3）

京成バスシステムが契約輸送用に新製したエルガは、QDG-車
か1台、2DG-車が2台、2KG-車が4台ある。KS7105はトッ
プドア、他は前中扉で、前中扉車は側面表示器が戸袋にある。

3353（三菱ふそう2PG-MP38FK）

京成バスが2017〜22年に21台導入した短尺エアロスターノ
ンステップバスの2PG-車。2019年式からEDSS、2020年式
から白色LEDを装備。本型式は京成バスシステムにも1台ある。

KS7323（三菱ふそう2PG-MP38FM）

京成バスシステムが2022年に2台採用した中間尺エアロス
ターノンステップバスの2PG-車。6M60型エンジンのAT車で
ある。側面表示器は戸袋の隣で、カラーLEDが採用されている。

R710（三菱ふそう2RG-BE740G）

トランジットバスが2020年に1台新製したローザロングボディ
の2RG-車。4P10型エンジンのAMT車で、新型マスクのローザ
は現在のところグループ唯一。契約輸送に使用されている。

5398（三菱ふそう2TG-MS06GP改）

東京オリンピック・パラリンピック輸送を控え、2020年に2台導入された車椅子用エレベーター装備のエアロエース。後部トイレつきの42人乗りで、千葉と新習志野に配置された。

C307（日野2TG-RU1ASDA）

シティバスが2018～20年に各1台新製したセレガハイデッカーの2TG-車。A09C型エンジンのAMT車である。C306・C307はカラーLEDを採用。後部トイレつき52人乗りの高速車である。

KS1812（日野2TG-RU1ASDA）

京成バスシステムに1台あるセレガハイデッカーの2TG-車。A09C型エンジンのMT車で、カラーLEDと屋根まで続くアクセントラインを持つ。後部トイレつき52人乗りの高速車である。

195（日野2DG-HX9JLCE）

レインボーバスが2019・22年に3台導入したポンチョロングの2DG-車。2枚扉のAT車で、印西市「ふれあいバス」に使用されている。2枚扉の2DC-車はグループ5社に13台在籍する。

6112（日野2DG-HX9JLCE）

フラワーバスが2021・22年に2台採用したポンチョロングの2DG-車。J05E型エンジンのAT車で、1枚扉・逆T字型窓となっている。山武市の基幹バス「さんバス」に使用されている。

現有車両一覧表 (2023年1月1日現在)

車両一覧表凡例
■KK-LR233J1改 (いすゞ) バ KS7111 習200か1487(00)橋 □
① ② ③ ④ ⑤ ⑥⑦⑧

①車台型式
②ボディメーカー
③保有事業者
　無印：京成バス／フ：ちばフラワーバス／レ：ちばレインボーバス
　シ：ちばシティバス／グ：ちばグリーンバス／タ：京成タウンバス
　バ：京成バスシステム
④社番
⑤登録番号
　足：足立／葛：葛飾／江：江東／千：千葉／野：野田／松：松戸
　市：市川／船：船橋／習：習志野／成：成田

⑥年式（登録年西暦の下2桁）
　（　）：移籍車の新製時の登録年
⑦所属営業所
　江：江戸川／金：金町／奥：奥戸・タウンバス奥戸／東：東雲／松：松戸
　市：市川／都：新都心／習：習志野／千：千葉／長：長沼／高：新習志野高速
　成：フラワーバス本社／中：フラワーバス中野／尾：レインボーバス船尾
　白：レインボーバス白井／港：シティバス千葉／佐：グリーンバス佐倉
　塩：トランジットバス本社／橋：バスシステム本社
⑧用途　○：一般路線車／◎：高速車／□：貸切車／△：特定車

いすゞ

■KK-LR233J1改(いすゞ)
バ	KS7111	習200か1487	(00)橋□
シ	C450	千200か2632	(03)港○
フ	6417	千200か3244	(03)中□
シ	C201	千230う201	03港○

■PA-LR234J1(JBUS)
シ	C428	千230あ428	(06)港○
シ	C429	千230あ429	(06)港○
シ	C512	千230え512	(06)港○
シ	C513	千230え513	(06)港○

■PA-LR234J1改(JBUS)
シ	C203	千230い203	04港○
シ	C204	千230い204	04港○
シ	C205	千230う205	06港○
シ	C206	千230い206	06港○
シ	C515	千230い516	(06)港○
グ	CG763	千200か3193	(06)佐○
ト	M232	習200か792	06塩○
グ	CG816	千200か1899	07佐○
ト	M233	習200か839	07塩○

■BDG-RR7JJBJ(JBUS)
ト	M525	習230あ525	(08)塩□

■PDG-LR234J2(JBUS)
フ	6418	成200か1859	(07)成○
グ	CG764	千200か3194	(07)佐○
ト	M234	習200か966	07塩○
フ	6420	成200か1917	(08)成○
ト	M235	習200か1052	08塩△
タ	T035	足200か2050	09奥○
タ	T036	足200か2052	09奥○
グ	CG178	千200か2172	09佐○
タ	T037	足200か2199	10奥○
タ	T038	足200か2200	10奥○
タ	T039	足200か2254	10奥○
フ	6421	成200か1922	(10)成□
グ	CG180	千200か2251	10佐○
タ	T040	足200か2311	11奥○
	8123	足200か2377	11金○

■SKG-LR290J1(JBUS)
シ	C487	千230あ487	(12)港○
	8132	足200か2631	13金○
	8133	足200か2635	13金○
	8134	足200か2636	13金○
	E011	足200か2744	13江○
	E012	足200か2745	13江○
	2299	習200か1580	13市○
シ	C488	千230あ488	(13)港○
グ	CG183	千200か2533	13佐○
グ	CG184	千200か2536	13佐○
グ	CG185	千200か2568	13佐○
	2104	習200か1634	14市○
	2105	習200か1637	14市○
	2106	習200か1645	14市○
	2108	習200か1673	14市○
	2109	習200か1678	14市○
グ	CG188	千200か2626	14佐○
	8145	足200か3106	15金○
	8146	足200か3107	15金○
グ	CG189	千200か2673	15佐○
グ	CG190	千200か2725	15佐○
グ	CG191	千200か2755	15佐○
グ	CG192	千200か2781	15佐○
グ	CG193	千200か2782	15佐○

■SDG-LR290J1(JBUS)
タ	T041	足200か2456	12奥○
タ	T043	足200か2464	12奥○
タ	T045	足200か2465	12奥○
ト	M241	習230あ241	12塩○
ト	M242	習230あ242	12塩○
	2283	習200か1355	12市○
	2284	習200か1356	12市○
	8117	葛200か12	12金○
	4105	習200か2165	12都○
	2287	習200か1414	12市○
タ	T047	足200か2591	12奥○
タ	T048	足200か2622	12奥○
ト	M243	習230あ243	12塩○
ト	M244	習230あ244	12塩○
タ	T050	足200か2679	13奥○
タ	T051	足200か2751	13奥○
タ	T052	足200か2823	13奥○
タ	T053	足200か2840	13奥○
ト	M245	習230あ245	13塩○
ト	M246	習230あ246	13塩○
	2102	習200か1614	13市○
タ	T054	足200か2859	14奥○
タ	T055	足200か2937	14奥○
タ	T056	足200か3018	14奥○
タ	T057	足200か3072	14奥○
	E013	足200か3167	15江○
	1101	足200か3245	15奥○
	1102	足200か3246	15奥○
	1103	足200か3247	15奥○
	1104	足200か3248	15奥○
	1105	足200か3250	15奥○
	3201	野200か750	16松○
	3202	野200か751	16松○

■SKG-LR290J2(JBUS)
	8203	葛210あ8203	16金○
タ	T067	足200か3468	16奥○
ト	M253	習230あ253	16塩○
ト	M254	習230あ254	16塩○
グ	CG196	千200か2901	16佐○
タ	T068	足200か3686	17奥○
タ	T069	足200か3693	17奥○

■2KG-LR290J3(JBUS)
	3204	野230あ3204	17松○
グ	CG199	千230い199	17佐○
ト	M257	習230あ257	17塩○
	3205	野200か3205	17松○
タ	T074	足230い74	18奥○
	0566	習230あ566	19習○
	5001	千230あ5001	19千○
	5002	千230あ5002	19千○
	3206	野230あ3206	19松○
	3207	野230あ3207	19松○
シ	C208	千230い208	19港○
タ	T076	足230あ76	19奥○
タ	T077	足231う77	19奥○
タ	T078	足230う78	19奥○
ト	M502	市210あ502	19塩○

■2KG-LR290J4(JBUS)
	2220	習200あ2220	19市○
	1106	足230い1106	20東△

（続き）
	1107	足230う1107	20東△
グ	CG206	千230う206	20佐○
タ	T082	葛210あ82	20奥○
タ	T083	葛210あ83	20奥○
ト	M503	市210あ503	20塩○
ト	M504	市210あ504	20塩○
タ	T086	葛210あ86	21奥○
タ	T087	葛210あ87	21奥○
ト	M266	市210あ266	21塩○
ト	M505	市210あ505	21塩○
ト	M103	市210あ103	21塩△
タ	T088	葛210あ88	22奥○
タ	T089	葛210あ89	22奥○
タ	T090	葛210あ90	22奥○
タ	T091	葛210あ91	22奥○
ト	M267	市210あ267	22塩○
ト	M268	市210あ268	22塩○
ト	M269	市210あ269	22塩○
バ	KS7109	船210あ7109	22橋○
バ	KS7110	船210あ7110	22橋○

■KL-LV280L1(いすゞ)
バ	KS1143	習200か1492	(02)橋○
ト	M113	市210あ113	(03)塩○
ト	M114	習200か316	(03)塩○
	0101	習200か438	04習○

■KL-LV280N1(いすゞ)
グ	CG751	千200か3151	(04)佐○

■PJ-LV234L1(JBUS)
	0102	習200か607	05習□
フ	6450	千200か2897	(05)中□
フ	6604	千200か3007	(05)中□
グ	CG159	千200か1570	06佐○
グ	CG160	千200か1584	06佐○
グ	CG161	千200か1585	06佐○
グ	CG759	千200か1688	(06)佐○
レ	309	習200か1935	(06)尾○
ト	M227	習200か721	06塩○
	0103	習200か791	06習□
	5138	千200か2974	06千○
	5226	千200か1775	06千○
シ	C481	千230あ481	(06)港○
シ	C491	千230あ491	(06)港○
シ	C492	千230い492	(06)港○
シ	C494	千230あ494	(06)港○
シ	C495	千230あ495	(06)港○
シ	C499	千230あ499	(06)港○
グ	CG162	千200か3051	(06)中○
グ	CG164	千200か1722	06佐○
グ	CG165	千200か1746	06佐○
グ	CG166	千200か1755	06佐○
グ	CG167	千200か1756	06佐○
バ	KS1218	千200か1784	06佐○
	5227	習200か2133	(06)橋○
	5228	千200か1839	07千○
	5230	千200か1910	07千○
グ	CG168	千200か1870	07佐○
グ	CG169	千200か1876	07佐○

■PJ-LV234N1(JBUS)
グ	CG306	千200か3014	(05)佐○
フ	6451	成200か1928	(05)成○
フ	6452	成200か1929	(05)成○
フ	6457	成200か1521	(05)成○

フ 6604	千200か3007	(05)中○
0284	習230あ284	07習
3108	松200か10	07松□
2141	習200か1823	07市○
8109	足200か1699	07金○
8110	足200か1700	07金○
レ 310	習200か1825	(07)尾○
2146	習200か1858	07市○
1198	江200か131	07東□
フ 6459	千200か3178	(07)中○
フ 6460	成200か1696	(07)成○
フ 6461	成200か1856	(07)成○
フ 6462	成200か1857	(07)成○
シ C508	千230う508	(07)港○
グ CG754	千200か3182	(07)佐○
グ CG755	千200か3183	(07)佐○

■PJ-LV234Q1(JBUS)

レ 312	習200か2167	(06)尾○

■PJ-LV234Q1改(JBUS)

シ C438	千230あ438	(06)港□

■PKG-LV234L2(JBUS)

2921	習200か967	07市□
グ CG171	千200か1924	07佐○
グ CG756	千200か3184	(07)佐○
2263	習200か986	08市○
2264	習200か987	08市○
5231	千200か1986	08千○
5232	千200か1987	08千○
5233	千200か1988	08千○
5234	千200か1992	08千○
5235	千200か1993	08千○
5236	千200か2037	08千○
2265	習200か1031	08市○
2266	習200か1032	08市○
2267	習200か1033	08市○
2268	習200か1038	08市○
2269	習200か1046	08市○
2270	習200か1047	08市○
5237	千200か2063	08千○
5238	千200か2064	08千○
グ CG174	千200か2055	08佐○
2271	習200か1145	09市○
5114	千230う5114	09千○
N151	千200か3246	09長○
2272	習200か1154	09市○
2273	習200か1155	09市○
5274	千230か5274	09千○
N116	千230う116	09長○
2275	習200か1210	09市○
2276	習230か1211	09市○
2277	習200か1218	09市○
2278	習200か1219	09市○
N117	千230い117	10長○
N118	千230う118	10長○
5239	千200か2201	10千○
5240	千200か2202	10千○

■PKG-LV234N2(JBUS)

E150	足200か1821	08江○
E151	足200か1822	08江○
8111	足200か1823	08金○
8112	足200か1824	08金○
E152	足200か1868	08江○
E153	足200か1869	08江○
8113	足200か1915	08金○
レ 313	習200か2169	(09)尾○
E154	足200か2218	10江○
E155	足200か2219	10江○
E156	足200か2220	10江○
E157	足200か2221	10江○
8119	足200か2224	10金○
8120	足200か2225	10金○
8121	足200か2226	10金○

■PDG-LV234N2(JBUS)

レ 311	習200か2159	(08)尾○
ト M236	習200か1176	08塩○
ト M237	習200か1217	08塩○

■LKG-LV234L3(JBUS)

2152	習230あ2152	10市○
5241	千200か2267	10千○
N153	千200か3032	10長○
2279	習200か1327	11市○
2280	習200か1328	11市○
2281	習200か1330	11市○
2282	習200か1331	11市○
5243	千200か2350	11千○
2150	習200か1499	11市○
N155	千230い155	11長○
N156	千200か2351	11長○
2285	習200か1375	12市○
2286	習200か1376	12市○
5163	千230あ5163	12千○

■LKG-LV234N3(JBUS)

E158	足200か2297	10江○
E159	足200か2298	10江○
E160	足200か2376	11江○
E161	足200か2406	11江○
8124	足200か2418	11金○
E162	足200か2437	11江○
8125	足200か2496	12金○
8126	足200か2497	12金○

■LDG-LV234N3(JBUS)

ト M238	習200か1314	11塩○
ト M239	習200か1315	11塩○
ト M240	習200か1360	12塩○

■LKG-LV234Q3(JBUS)

E002	足200か4220	11江□
グ CG817	千200か2282	11佐□

■QPG-LV234L3(JBUS)

N127	千230あ127	12長○
2288	習200か1415	12市○
2289	習200か1436	12市○
2290	習200か1443	12市○
2292	習200か1473	12市○
5245	千200か2465	12千○
8131	足200か2625	13金○
2293	習200か1547	13市○
2294	習200か1553	13市○
2296	習200か1568	13市○
N136	千230あ136	13長○
N137	千230あ137	13長○
2297	習200か1570	13市○
2298	習200か1578	13市○
2153	習230あ2153	13市□
5247	千200か2570	13千○
グ CG182	千200か2479	13佐○
5251	千200か2602	14千○
5254	千200か2664	15千○
5255	千200か2694	15千○
2111	習200か1729	15市○
2112	習200か1733	15市○
2113	習200か1758	15市○
5256	千200か2719	15千○
5257	千200か2723	15千○

■QKG-LV234L3(JBUS)

タ T046	足200か2539	12奥○
E169	足200か2930	14江○
E173	足200か3056	14江○
E174	足200か3057	14江○
8143	足200か3071	14金○
8144	足200か3082	15金○
E175	足200か3089	15江○
タ T058	足200か3090	15奥○
タ T059	足200か3159	15奥○
8147	足200か3141	15金○
E176	足200か3144	15江○
8148	足200か3163	15金○
E177	足200か3184	15江○
8152	足200か3202	15金○

■QDG-LV234L3(JBUS)

2291	習200か1444	12市○

■QKG-LV234N3(JBUS)

ト M250	習230あ250	14塩○

■QQG-LV234L3(JBUS)

5246	千200か2487	13千○
5248	千200か2575	13千○
N165	千230う165	13長○
2295	習200か1558	13市○
8138	足200か2832	13金○
N166	千230い166	14長○
2100	習200か1594	14市○
N167	千230う167	14長○
N168	千230け168	14長○
2101	習200か1613	14市○
5250	千200か2601	14千○
8139	足200か2954	14金○
2103	習200か1633	14市○
3170	松200か9	14松□
2107	習200か1661	14市○
E171	足200か3037	14江○
E172	足200か3038	14江○
8140	足200か3047	14金○
8141	足200か3053	14金○
2110	習200か1683	14市○
5252	千200か2655	14千○
5253	千200か2658	14千○

■QQG-LV234N3(JBUS)

ト M247	習230あ247	14塩○

■QDG-LV290N1(JBUS)

2114	習200か1815	15市○

8153	足200か3252	15金○
E182	足200か3254	15江○
1183	江200か73	15東□
5258	千200か2776	15千○
5259	千200か2783	15千○
5260	千200か2790	15千○
5261	千200か2795	15千○
タ T062	足200か3272	15奥○
2115	習200か1837	16市○
2116	習200か1838	16市○
E183	足200か3304	16江○
E184	足200か3305	16江○
E185	足200か3353	16江○
E186	足200か3360	16江○
E187	足200か3361	16江○
2117	習200か1873	16市○
2118	習200か1880	16市○
E188	足200か3376	16江○
E189	足200か3377	16江○
8155	足200か3407	16金○
E191	足200か3462	16江○
E192	足200か3463	16江○
E193	足200か3476	16江○
E194	足200か3477	16江○
2201	習200か1932	16市○
2202	習200か1933	16市○
5262	千200か2930	16千○
5263	千200か2932	16千○
5264	千200か2933	16千○
タ T063	足200か3309	16奥○
タ T064	足200か3381	16奥○
タ T065	足200か3409	16奥○
タ T066	足200か3475	16奥○
グ CG194	千200か2820	16佐○
グ CG195	千200か2896	16佐○
ト M251	習230あ251	16塩○
ト M252	習230あ252	16塩○
ト M255	習230あ255	16塩○
E195	足200か3503	17江○
E196	足200か3504	17江○
8158	足200か3505	17金○
E197	足200か3510	17江○
2203	習200か1938	17市○
2204	習200か1948	17市○
E198	足200か3521	17江○
E199	足200か3526	17江○
E201	足200か3536	17江○
8159	足200か3537	17金○
E202	足200か3656	17江○
E203	足200か3657	17江○
E204	足200か3694	17江○
E205	足200か3698	17江○
E206	足200か3701	17江○
E207	足200か3706	17江○
E208	足200か3707	17江○
E209	足200か3711	17江○
2208	習200か1996	17市○
2209	習200か1998	17市○
2210	習200か2005	17市○
5265	千200か3018	17千○
バ KS7100	習230あ7100	17橋□

■QPG-LV290Q1(JBUS)

シ C207	千230い207	16港○
2205	習200か1970	17市○
2206	習200か1984	17市○
2207	習200か1994	17市○

■QSG-LV234L3(JBUS)

8150	足200か3182	15金○
8151	足200か3185	15金○
N178	千230え178	15長○
E179	足200か3189	15江○
E180	足200か3251	15江○
8154	足200か3280	15金○
2200	習200か1882	16市○
E190	足200か3421	16江○
8156	足200か3490	16金○
8157	足200か3497	16金○
E200	足200か3527	17江○

■2DG-LV290N2(JBUS)

E210	足200か3724	17江○
E211	足230き211	17江○
E212	足230き212	17江○
5266	千230あ5266	17千○
5267	千230あ5267	17千○
タ T070	足230う70	17奥○
タ T071	足230い71	17奥○
グ CG197	千230あ197	17佐○
グ CG198	千230あ198	17佐○
ト M258	習230あ258	17塩○
8160	足200あ8160	18金○
E213	足230え213	18江○
8161	足200あ8161	18金○
2211	習230い2211	18市○
8162	足200あ8162	18金○

Column 1

8163	足200あ8163	18金○
E214	足230い214	18江○
E215	足230か215	18江○
8164	足200あ8164	18金○
8165	足200あ8165	18金○
2212	習230あ2212	18市○
8166	足200あ8166	18金○
8167	足200あ8167	18金○
E216	足230う216	18江○
E217	足230い217	18江○
8168	足200あ8168	18金○
タ T072	足230う72	18奥○
タ T073	足230う73	18奥○
タ T075	足230い75	18奥○
バ KS7104	習230う7104	18橋□
グ CG200	千230う200	18佐○
グ CG201	千230え201	18佐○
2213	習230あ2213	19市○
2214	習230あ2214	19市○
5268	千230う5268	19千○
5269	千230う5269	19千○
8169	足200あ8169	19金○
8170	足200あ8170	19金○
8171	足200あ8171	19金○
2215	習230あ2215	19市○
5270	千230う5270	19千○
8172	足200あ8172	19金○
2216	習230あ2216	19市○
2217	習230あ2217	19市○
2218	習230あ2218	19市○
2219	習230あ2219	19市○
E218	足230う218	19江○
E219	足230い219	19江○
8173	足200あ8173	19金○
E220	足230い220	19江○
E221	足230い221	19江○
E222	足230こ222	19江○
E223	足230い223	19江○
ト M259	習230あ259	19塩○
ト M260	習230い260	19塩○
ト M261	習230あ261	19塩○

■2PG-LV290Q2(JBUS)

E701	足230う701	17江○
E702	足230う702	17江○
E703	足230う703	17江○
E704	足230う704	17江○
E705	足230う705	17江○
E706	足230い706	17江○
E707	足230い707	17江○
E708	足230う708	17江○
E709	足230あ709	17江○
E710	足230う710	17江○
E711	足230う711	19江○
E712	足230う712	19江○
E713	足230う713	19江○

■2PG-LV290N3(JBUS)

グ CG205	千230え205	19佐○

■2DG-LV290N3(JBUS)

8174	足230あ8174	19金○
8175	足230あ8175	19金○
8176	足230あ8176	19金○
5271	千230う5271	19千○
E224	足230う224	19江○
E225	足230う225	19江○
E226	足230う226	19江○
タ T079	足230う79	19奥○
ト M262	習230あ262	19塩○
2221	習230あ8176	20市○
2222	習200く5271	20市○
2223	習230う224	20市○
2224	習230あ225	20市○
2225	市210い226	20市○
5272	千230う5272	20千○
5273	千230う5273	20千○
5275	千230う5275	20千○
8177	足230あ8177	20金○
8178	足230あ8178	20金○
8179	足230あ8179	20金○
8180	葛210あ8180	20金○
E227	足230あ227	20江○
E228	足230う228	20江○
E229	足230う229	20江○
E230	足230う230	20江○
E231	足230い231	20江○
E232	足230い232	20江○
タ T080	足230あ80	20奥○
タ T081	葛210あ81	20奥○
ト M263	習230あ263	20塩○
バ KS7103	習230う7103	20橋□

■2PG-LV290Q3(JBUS)

グ CG204	千230う204	19佐○
1006	足230え1006	20東○
1007	江210あ1007	20東○

Column 2

1008	江210あ1008	20東○
E714	足230い714	20江○

■2RG-LV290N3(JBUS)

ト M270	市210あ270	22塩○
ト M271	市210あ271	22塩○

■2KG-LV290N3(JBUS)

タ T084	葛210あ84	21奥○
タ T085	葛210あ85	21奥○
ト M264	市210あ264	21塩○
ト M265	市210あ265	21塩○
バ KS7105	船210あ7105	21橋□
バ KS7106	船210あ7106	21橋□
バ KS7107	船210あ7107	21橋□
バ KS7108	船210あ7108	21橋□

■LX525Z1(JBUS)

1009	江210あ1009	20東○

■ADG-RU1ESAJ(JBUS)

ト M610	習200か640	(06)塩○

■PKG-RU1ESAJ(JBUS)

シ C340	千230あ340	(07)港○
シ C341	千230あ341	(07)港○
フ 6507	成200か1722	(08)成○
シ C343	千230あ343	(08)港○
バ KS1208	船200か1710	(08)橋○
H209	習230あ209	09高○
H210	習230あ210	09高○
H211	習230か1983	09高○
フ 6230	成200か1906	(09)成○
H214	習230い214	09高○
H215	習230か2008	09高○
H216	習230か2017	09高○
ト M611	習200か1122	(09)塩○
シ C346	千230あ346	(10)港○
グ CG701	千200か2205	10佐○

■LKG-RU1ESBJ(JBUS)

H218	習230あ218	11高○
H219	習230あ219	11高○
H220	習230あ220	11高○
H221	習230あ221	11高○
0001	習201か1	11習○
0002	習201あ2	11習○
グ CG702	千200か2308	11佐○
グ CG706	千230あ706	(11)佐○
N223	千230あ223	12長○
N224	千230あ224	12長○

■QRG-RU1ASAJ(JBUS)

3230	野200あ3230	12松○
N231	千230あ231	12長○
1232	葛200か20	12奥○
H233	習230か233	12高○
1234	葛200か21	12奥○
N235	千230あ235	12東○
N236	千230あ236	12長○
N237	習230あ237	13東○
N238	千230あ238	13長○
1239	足200か2692	13東○
1240	足200か2724	13東○
1241	足200か2805	13東○
1243	足200か2806	13奥○
1244	足200か2816	13奥○
1245	足230え10	13奥□
1246	足200か2836	13奥○
1247	江210あ1247	13東○
グ CG703	千200か2513	13佐□
1248	足200か2857	14奥○
1250	足200か2858	14奥○
1251	足200か2908	14奥○
1252	足200か2926	14東○
1253	足200か2953	14奥○
1254	足200か2989	14奥○
1255	足200か2994	14奥○
1256	足200か3041	14奥○
1257	江210あ1257	14東○
1258	足200か3102	15奥○
1259	足200か3173	15奥○

■QPG-RU1ESBJ(JBUS)

1225	江210あ1225	12東○
1226	足200か2541	12東○
1227	江210あ1227	12東○
1228	足200か2553	12奥○
1229	足200か2554	12東○

■QTG-RU1ASCJ(JBUS)

1260	足200か3190	15奥○
1261	足200か3203	15奥○
1262	足200か3219	15奥○
1263	江210あ1263	15東○
1264	足200か3232	15奥○
1265	足200か3391	16奥○

Column 3

1266	江210あ1266	16東○
1267	足200か3422	16奥○
1268	足200か3446	16奥○
1269	足200か3457	16東○
1270	足200か3465	16東○
1271	足200か3476	16奥○
1272	足230あ1272	17奥○
1273	足230い1273	17奥○
1274	足230あ1274	17東○
1275	足230あ1275	17奥○
1276	足230あ1276	17東○
1277	足230あ1277	17東○
1279	足230あ1279	17奥○
1280	足230あ1280	17奥○
1281	足230あ1281	17奥○

■QTG-RU1ASCJ改(JBUS)

1278	足230あ1278	17東○

■2TG-RU1ASDJ(JBUS)

1282	足230い1282	17奥○
1283	足230い1283	18奥○
1284	足230い1284	18東○
1285	足230い1285	18東○
1286	足230い1286	18奥○
バ KS6102	習230あ6102	19橋□

■2RG-RU1ESDJ(JBUS)

5101	千230あ5101	19千○
5102	千230う5102	19千○
5103	千230あ5103	19千○
5104	千230う5104	19千○
5105	千230う5105	20千○
5106	千230あ5106	20千○
5107	千230う5107	20千○
5108	千230う5108	20千○
5109	千230あ5109	20千○
H201	習230い201	21高○
H202	習230い202	21高○

日産
■CBA-KS2E26(日産)

グ CG820	千330あ820	18佐○
グ CG821	千330い821	18佐○
グ CG822	千330あ822	18佐○

トヨタ
■LDF-KDH223B(トヨタ)

0051	習230あ267	10習○
グ CG818	千200あ470	13佐○
グ CG819	千200あ471	13佐○

■QDF-GDH223B(トヨタ)

0053	船200あ14	19習○
0054	船200あ15	19習○
グ CG824	千230あ824	21佐○

■PB-XZB51(トヨタ)

バ KS7801	習200あ271	07橋□

■ZBC-MUM1NAE(JBUS)

1001	足231い1001	20東○
1002	足230こ1002	20東○
1003	足230き1003	20東○
1004	足230い1004	20東○
1005	足230い1005	20東○
1011	江210あ1011	22東○
1012	江210あ1012	22東○
1013	江210あ1013	22東○
1014	江210あ1014	22東○

日野
■PB-XZB50M(トヨタ)

レ 501	習200あ417	(12)尾□

■SKG-XZB50M(トヨタ)

フ 6101	成200あ177	15成○
8501	足200あ729	16金○
3502	松200あ6	16松□

■SDG-XZB50M(トヨタ)

ト R715	市210あ715	15塩□

■SKG-XZB70M(トヨタ)

H728	習200あ390	(17)高□
フ 6103	成200あ281	18成○

■SDG-XZB70M(トヨタ)

H720	習200あ350	17高○
フ 6505	成200あ244	17成○
フ 6506	成200あ243	17成○

■KK-RX4JFEA(日野)

フ 6501	千200あ131	01成□

■PB-RX6JFAA(JBUS)
レ 155	習200か536	05白○

■ADG-HX6JLAE(JBUS)
レ 157	習200か814	06尾○
レ 193	習200か2157	(07)尾○

■BDG-RX6JFBA(JBUS)
H719	習200あ340	09高□

■BDG-HX6JHAE(JBUS)
E503	足200か3709	07江□
E501	足200か3485	08江□

■BDG-HX6JLAE(JBUS)
1413	葛200か13	07奥○
N474	千230い474	07長○
4477	習200か955	07都○
レ 188	習200か2131	(07)白○
グ CG758	千200か3186	(07)佐○
グ CG765	千200か3213	(07)佐○
バ KS1400	習200か940	(07)習○
1502	葛200か27	08奥○
レ 189	習230あ1305	(08)白○
レ 190	習230あ1307	(08)尾○
3203	野200あ3423	09松○
8401	足200か2640	10金○
N410	千200か410	10長○
1501	足200か2193	10奥○
レ 161	習200か1231	10白○
8413	足200か2341	11金○
0804	習200か1903	11習○

■SDG-HX9JLBE(JBUS)
1402	足200か2476	12奥○
1403	足200か2477	12奥○
1404	足200か2478	12奥○
1405	足200か2486	12奥○
1406	足200か2487	12奥○
1407	足200か2488	12奥○
1408	足200か2489	12奥○
1409	足200か2500	12奥○
1410	足200か2501	12奥○
1411	足200か2475	12奥○
1412	足200か2499	12奥○
8415	足200か2588	12金○
8416	足200か2589	12金○
8417	足200か2590	12金○
8402	足200か2822	13金○
3418	野200か679	13松○
レ 165	習200か1584	13白○
バ KS1410	習230あ1410	14橋○
グ CG186	千200か2613	14佐○
グ CG187	千200か2615	14佐○
フ 6109	成200か696	14成○
8418	足200か3105	15金○
2401	市210あ2401	15市○
タ T060	足200か3186	15奥○
タ T061	足200か3207	15奥○
レ 166	習200か1791	15尾○
レ 167	習200か1792	15尾○
レ 168	習200か1793	15尾○
2402	市210あ2402	16市○
レ 169	習200か1883	16白○
バ KS1411	習230あ1411	16橋○
バ KS7409	習230か7409	16橋□
1414	足200か3364	16奥○
4400	習200か1914	16都○
3420	野200か772	16松○
3421	野200か779	17松○
3422	野200か783	17松○
4401	習200か1939	17都○
2403	市210か2403	17市○
4402	習200か1989	17都○
4403	習200か1991	17都○
レ 170	習200か1963	17尾○
レ 171	習200か1964	17尾○
バ KS1412	習230あ1412	17橋○
バ KS1413	習230あ1413	17橋○

■2DG-HX9JLCE(JBUS)
2404	市210あ2404	18市○
4404	習230あ4404	18都○
4405	習230あ4405	18都○
バ KS1414	習200い1414	18橋○
グ CG202	千230う202	18佐○
グ CG203	千230う203	18佐○
ト M501	市230あ501	18塩○
4406	習230あ4406	19都○
4407	習230あ4407	19都○
4410	習230あ4410	19都○
レ 180	習200か2116	19尾○
フ 6111	成200か6111	21成○
フ 6112	成230あ6112	22成○
レ 195	習200か2173	22尾○
レ 196	習200か2174	22尾○

■KK-RJ1JJHK(日野)
フ 6409	千200か773	02中○
フ 6416	成200か1197	(03)成○
レ 137	習200か319	03尾○

■KK-HR1JKEE(日野)
レ 106	習200か187	(02)白○
レ 107	習200か188	(02)白○
レ 108	習200か251	(02)白○

■KK-HR1JNEE(日野)
バ KS7866	習200か398	(03)橋□
フ 6414	成200か1178	(04)成○
フ 6415	成200か1182	(04)成○
バ KS1868	習200か432	(04)橋○
バ KS7474	習200か466	(04)橋□

■PA-KR234J1(JBUS)
レ 191	習200か2153	06尾○
レ 192	習200か2156	06尾○

■PA-KR234J1改(JBUS)
レ 181	習200か2112	06白○

■PB-HR7JHAE(JBUS)
シ C514	千230い514	(06)港○

■PDG-KR234J2(JBUS)
シ C516	千230う516	(09)港○
1416	葛200か25	11奥○
シ C509	千230う509	11港○

■BDG-RR7JJBA(JBUS)
バ KS7406	習200か1112	09橋○
バ KS7802	習200か1515	11橋□

■SKG-KR290J1(JBUS)
8517	葛210あ8517	13金△
8566	葛210あ8566	13金△
8568	葛210あ8568	14金△
N569	千200か2648	14長○
N570	千200か2657	14長○
2571	市200か14	15市○
N572	千200か3256	15長○
N573	千200か2721	15長○
N574	千200か2731	15長○
N576	千200か2757	15長○
N577	千200か2759	15長○
N578	千200か2761	15長○
N588	千200か2854	16長○

■SDG-KR290J1(JBUS)
0803	習200か1574	11習□

■SKG-KR290J2(JBUS)
N589	千200か2890	16長○
N590	千200か2895	16長○

■2KG-KR290J3(JBUS)
レ 173	習200か2040	17白○
レ 176	習200か2092	18白○
レ 177	習200か2100	18白○

■2KG-KR290J4(JBUS)
レ 183	習200か183	19白○
レ 185	習200か185	19白○
レ 187	習200か187	20白○

■KL-HU2PMEA(日野)
バ KS7596	習200か247	(02)橋□
バ KS7598	習200か250	(02)橋□
レ 101	習200か302	(03)尾○
レ 102	習200か1840	(03)尾△
レ 103	習200か368	(03)尾△
レ 417	習200か301	(03)尾△
レ 421	習200か1025	(03)尾△
レ 422	習200か1030	(03)尾△
レ 853	習200か369	(03)尾○
バ KS7472	習200か1862	(03)橋○
レ 151	習200か448	04尾△
レ 152	習200か450	04尾△
レ 153	習200か451	04尾△

■KL-HU2PREA(日野)
レ 111	習200か109	(01)尾○

■KL-HU2PPEE(日野)
レ 440	習200か293	(03)尾○

■PJ-KV234L1(JBUS)
バ KS1503	習200か1987	(05)橋○
グ CG752	千230え177	(05)佐○
N401	千200か3245	06長○
4422	習200か699	06都○
3518	野230あ518	06松□
レ 186	習200か700	(06)尾○
バ KS1428	習200か747	(06)橋○
バ KS1505	習200か2025	(06)橋○
バ KS1515	習200か2072	(06)橋○
レ 175	習200か2069	(06)尾○
シ C483	千230い483	(06)港○
シ C484	千230あ484	(06)港○
シ C485	千230あ485	(06)港○
シ C489	千230あ489	(06)港○
シ C490	千230あ490	(06)港○
シ C493	千230あ493	(06)港○
シ C496	千230あ496	(06)港○
シ C504	千230い504	(06)港○
シ C506	千230い506	(06)港○
シ C511	千230う511	(06)港○
フ 6601	千200か3062	(06)中○
フ 6602	千200か3058	(06)中○
フ 6441	千200か1780	06中○
レ 182	習200か832	(07)尾○
N462	千200か2979	07長○
3463	松200か12	07松□
N521	千200か1888	07長○
N522	千200か1887	07長○
N523	千200か1894	07長○
レ 178	習200か2101	(07)尾○
レ 179	習200か2015	(07)尾△
シ C503	千230い503	(07)港○
シ C505	千230え505	(07)港□
H715	習200か891	07高○
0466	習200か896	07習○
N530	千200か2747	07長○
N532	千200か1905	07長○
N533	千200か1906	07長○
N534	千200か1907	07長○
フ 6443	千200か1880	07中○

■PJ-KV234N1改(JBUS)
4516	習200か1576	07都○
4517	習200か1575	07都○
N528	千200か1900	07長○
N529	千200か1901	07長○

■PJ-KV234Q1改(JBUS)
H721	習200か2020	05高□
レ 197	習230か107	(05)尾○
ト M108	習200か592	(05)塩□
フ 6454	千200か3081	(06)中○
フ 6455	千200か3082	(06)中○
4440	習200か774	06都○
シ C500	千230う500	(06)港○
シ C501	千230う501	(06)港○
シ C507	千230い507	(06)港○
グ GC757	千200か3185	(06)佐○
H724	習200か827	06高□

■ADG-HU8JMFP(JBUS)
H704	習200か860	07高□
H705	習200か861	07高□

■PKG-KV234L2(JBUS)
4481	習200か1005	08都○
4519	習200か1572	08都○
2448	習200か1496	08市○
N535	千200か1979	08長○
N536	千200か1980	08長○
N537	千200か1991	08長○
N538	千200か1990	08長○
4482	習200か1010	08都○
0483	習200か1011	08習○
4484	習200か1012	08都○
0485	習200か1024	08習○
N486	千200か3019	08長○
N539	千200か2013	08長○
N540	千200か2020	08長○
N541	千200か2026	08長○
N543	千200か2027	08長○
N547	千200か2128	09長○
4520	習200か1573	09都○
N405	千230あ405	09長○
N407	千230あ407	09長○
N409	千230あ409	09長○
3410	野200か604	09松○
N411	千230あ411	10長○
N412	千230あ412	10長○
N413	千230あ413	10長○
N414	千230あ414	10長○
4493	習200か1226	10都○
4494	習200か1227	10都○
4495	習200か1228	10都○
4496	習200か1229	10都○
N550	千200か2211	10長○
N551	千200か2212	10長○
N552	千200か2236	10長○
N553	千200か2237	10長○

■PDG-KV234L2(JBUS)
フ 6444	千200か1919	07中○
フ 6445	千200か1922	07中○
フ 6446	千200か1923	07中○

N544	千200か2028	08長○
フ 6447	千200か2059	08中○

■PKG-KV234N2(JBUS)

N538	千200か1990	08長○

■PDG-KV234N2(JBUS)

レ 158	習200か932	07尾○
1503	江200か132	08東○
N404	千200か3270	08長○
レ 159	習200か1202	10尾○

■PKG-KV234Q2(JBUS)

バ KS7404	習200か1170	09橋□
バ KS7405	習200か1171	09橋□

■PDG-KV234Q2(JBUS)

フ 6324	成200か313	10成○

■PDG-KV234Q2改(JBUS)

4487	千200か1029	08都○

■BJG-HU8JMFP(JBUS)

H706	習200か930	07高□
H711	習200か931	07高□
H707	習200か995	08高□
4479	習200か996	08都○
4480	習200か997	08都○
4488	習200か1036	08都○
N545	千200か2033	08長○
N546	千200か2039	08長○
0489	習200か1037	09習○
N491	千200か3040	09長○
4492	習200か1167	09都○
N548	千200か2182	10長○
5405	千200か2183	10千○

■LKG-KV234L3(JBUS)

0501	習200か1332	11習○
N555	習200か2322	11長○
2461	習200か1333	11市○
2459	習200か1358	12市○
2460	習200か1357	12市○
0505	習200か1373	12習○

■LJG-HU8JMGP(JBUS)

E406	足200か2343	11江○
E407	足200か2344	11江○
5408	千200か2370	12千○
E409	足200か2485	12江○
4506	習200か1378	12都○
N492	千230あ492	12長○

■QPG-KV234L3(JBUS)

0508	習200か1398	12習○
2462	習200か1437	12市○
2463	習200か1438	12市○
4513	習200か1439	12都○
0516	習200か1538	13習○
0518	習200か1554	13習○
0520	習200か1582	13習○
0522	習200か1610	14習○
0523	習200か1611	14習○
0524	習200か1612	14習○
0525	習200か1619	14習○
0526	習200か1620	14習○
0527	習200か1635	14習○
0528	習200か1655	14習○
0529	習200か1667	14習○
0530	習200か1684	14習○
0531	習200か1690	14習○
0532	習200か1691	14習○
0534	習200か1732	15習○
0535	習200か1788	15習○
N575	千200か2748	15長○

■QKG-KV234L3(JBUS)

0521	習200か1591	14習○
N567	千200か2585	14長○
0533	習200か1699	15習○

■QDG-KV234L3(JBUS)

フ 6448	習200か2387	12中○

■QPG-KV234N3(JBUS)

4521	習200か1583	13都○
4523	習200か1615	14都○
4524	習200か1656	14都○
4525	習200か1668	14都○
4526	習200か1674	14都○
4527	習200か1677	14都○
4528	習200か1728	15都○
4529	習200か1738	15都○
4530	習200か1796	15都○

■QKG-KV234N3(JBUS)

レ 163	習200か1510	13尾○
4522	習200か1592	14都○

■QKG-KV234N3改(JBUS)

ト M102	習210か102	(12)塩△

■QPG-KV234Q3(JBUS)

4509	習200か1889	12都○

■QKG-KV234Q3(JBUS)

4515	習200か1485	12都○

■QDG-KV290N1(JBUS)

N579	千200か2770	15長○
N580	千200か2772	15長○
N581	千200か2775	15長○
0536	習200か1824	15習○
0537	習200か1832	15習○
N582	千200か2835	16長○
N583	千200か2837	16長○
N584	千200か2838	16長○
N585	千200か2846	16長○
N586	千200か2848	16長○
0540	習200か1874	16習○
0541	習200か1885	16習○
0545	習200か1927	16習○
N591	千200か2918	16長○
0547	習200か1946	17習○
0548	習200か1950	17習○
0550	習200か1951	17習○
0551	習200か1952	17習○
0552	習200か1971	17習○
0553	習200か1979	17習○
0554	習200か1982	17習○
N592	千200か2968	17長○
N593	千200か2978	17長○
N594	千200か2984	17長○
N595	千200か2995	17長○
0557	習200か2003	17習○

■QPG-KV290Q1(JBUS)

4531	習200か1829	15都○
4535	習200か1899	16都○
4536	習200か1921	16都○
4537	習200か1928	16都○
4538	習200か1931	16都○
4539	習200か2001	17都○

■QSG-HL2ANAP(JBUS)

0538	習200か1852	16習○
0539	習200か1855	16習○
N587	千200か2850	16長○
0543	習200か1897	16習○
0544	習200か1900	16習○
0546	習200か1947	17習○
N596	千200か2996	17長○
0555	習200か1995	17習○
0556	習200か1997	17習○

■QSG-HL2ASAP(JBUS)

4532	習200か1851	16都○
4533	習200か1853	16都○
4534	習200か1884	16都○

■2DG-KV290N2(JBUS)

0558	習200か2023	17習○
0559	習230あ559	17習○
0560	習230あ560	17習○
0561	習230あ561	17習○
0562	習230あ562	18習○
0563	習230あ563	18習○
0564	習230あ564	18習○
0565	習230あ565	19習○
0567	習230あ567	19習○

■2PG-KV290Q2(JBUS)

4540	習200か2022	17都○
4546	習230あ4546	18都○
4547	習230い4547	18都○
4548	習230あ4548	18都○
4550	習230あ4550	18都○
4551	習230あ4551	18都○
4552	習230あ4552	18都○
4553	習230あ4553	18都○
4554	習230あ4554	18都○
4555	習230あ4555	19都○
4556	習230あ4556	19都○
4557	習230あ4557	19都○
4558	習230あ4558	19都○
4559	習230あ4559	19都○
4560	習230あ4560	19都○
4561	習230あ4561	19都○
4562	習230あ4562	19都○
4563	習230あ4563	19都○
4564	習230あ4564	19都○
4565	習230あ4565	19都○

■2SG-HL2ASBP(JBUS)

4541	習230あ4541	17都○
4543	習230あ4543	18都○
4544	習230あ4544	18都○
4545	習230あ4545	18都○

■2DG-KV290N3(JBUS)

0568	船210あ568	20習○

■2PG-KV290Q3(JBUS)

4566	習230あ4566	19都○
4567	習230あ4567	19都○
4568	習230あ4568	20都○

■2KG-KV290N3(JBUS)

N597	千200か3268	22長○

■KX525Z1(JBUS)

4001	習230あ4001	21都○
4002	習230あ4002	21都○

■PKG-RU1ESAA(JBUS)

フ 6209	成200か31	07成○
フ 6210	成200か98	07成○
N801	千200か2106	09長○
N802	千200か2107	09長○
シ C345	千230か345	(09)港○
H503	習200か1121	09高○
フ 6211	成200か358	10成○

■BJG-RU1ASAR(JBUS)

0801	船210あ801	10習□

■SDG-RU8JHBA(JBUS)

バ KS6803	習230あ6803	13橋□

■QRG-RU1ASCA(JBUS)

N805	千200か2586	14長◎
N806	千200か2598	14長◎
N807	千200か2624	14長◎

■QPG-RU1ESBA(JBUS)

バ KS6804	習230あ6804	14橋□

■QTG-RU1ASCA(JBUS)

バ KS7806	習230あ1806	15橋□
シ C303	千230か303	16港○
H505	習200い505	17高○
シ C304	千230か304	17港○

■QTG-RU1ASCA改(JBUS)

H504	習200か1854	16高○

■QRG-RU1ESBA(JBUS)

バ KS6805	習230あ6805	14橋□
バ KS6807	習230あ6807	15橋□
バ KS6808	習230あ6808	16橋□
バ KS6809	習230あ6809	16橋□
バ KS6810	習230あ6810	17橋□

■2TG-RU1ASDA(JBUS)

シ C305	千230あ305	18港○
フ 6227	成230あ6227	18成○
シ C306	千230あ306	19港○
フ 6228	成230あ6228	19成○
フ 6229	成230あ6229	19成○
シ C307	千230あ307	20港○
バ KS1812	習230あ1812	20橋○

■2RG-RU1ESDA(JBUS)

バ KS6811	習230あ6811	17橋□

三菱ふそう

■PA-BE63DG(MFBM)

シ C510	千230か510	(06)港□
8305	足200あ386	07金□

■PA-BE66DG(MFBM)

シ C498	千230か498	(05)港□

■TPG-BE640G(MFBM)

3603	野200あ154	16松○
3604	野200あ155	16松○

■2RG-BE740G(MFBM)

ト R710	市210あ710	20塩□

■PA-ME17DF(MFBM)

レ 267	習200か1978	(05)白○
レ 272	習200か599	(05)白○
0313	船210あ313	07習○
レ 260	習200か863	07白○

■KK-MK23HH(MFBM)

レ 235	習200か289	03尾○

■PA-MJ26RF(MFBM)

バ KS6311	習200あ208	07橋□

■PA-MK25FJ(MFBM)

バ KS1396	習200か1886	(06)橋○
バ KS7307	習200か867	07橋□
バ KS7308	習200か868	07橋□

■PA-MK27FH(MFBM)

レ 269	習200か2041	(06)尾○
レ 270	習200か2043	(06)尾○
レ 271	習200か2073	(06)尾○
バ KS1309	習200か794	(06)橋○
バ KS1310	習200か2103	(06)橋○
バ KS1600	習200か2102	(06)橋○

■SKG-MK27FH(MFBM)

バ KS7315	習230あ7315	11橋□
バ KS7316	習230あ7316	11橋□
バ KS7317	習230あ7317	11橋□

■TKG-MK27FH(MFBM)

3314	野200か682	13松○
3315	野200か683	13松○
3317	野200か691	14松○
3318	野200か692	14松○
3319	野200か693	14松○
3320	野200か694	14松○
3322	野200か703	14松○
3323	野200か706	15松○
3324	野200か721	15松○
3325	野200か723	15松○
3327	野200か728	15松○
3328	野200か729	15松○
3329	野200か730	15松○

■KL-MP33JM(MBM)

レ 233	習200か200	02尾○

■KL-MP35JM(MFBM)

レ 238	習200か444	04尾□
レ 239	習200か445	04尾□
レ 250	習200か446	04尾□
レ 251	習200か488	04尾○

■PJ-MP35JM(MFBM)

バ KS1391	習200か2075	(06)橋○
バ KS1392	習200か2082	(06)橋○
バ KS1393	習200か2085	(06)橋○
バ KS1397	習200か2114	(07)橋○

■PJ-MP37JM(MFBM)

フ 6458	成200か1531	(06)成○
バ KS7602	習200か2091	(06)橋□
レ 261	習200か900	07尾○

■PKG-MP35UM改(MFBM)

レ 262	習200か1148	09尾○

■LKG-MP35FM(MFBM)

バ KS7312	習230あ7312	10橋□
バ KS7313	習230あ7313	10橋□
バ KS7314	習230あ7314	10橋○
バ KS7318	習230あ7318	12橋□

■LKG-MP37FM(MFBM)

3301	野200か632	10松□
3302	野200か633	10松○
3303	野200か636	10松○
3304	野200か637	11松○
3305	野200か654	11松○
3306	野200か655	11松○
3307	野200か656	11松○
3308	野200か657	11松○
レ 265	習200か1302	11尾○
3309	野200か660	12松○
3310	野200か661	12松○

■QKG-MP35FM(MFBM)

バ KS7320	習230あ7320	15橋□

■QKG-MP35FP(MFBM)

バ KS7319	習230あ7319	13橋□

■QKG-MP37FK(MFBM)

3311	野200か673	12松○
3312	野200か675	12松○
3313	野200か690	13松○
3316	野200か690	14松○

■QKG-MP37FM(MFBM)

レ 266	習200か1478	12尾○

■QKG-MP38FK(MFBM)

3321	野200か699	14松○
3326	野200か727	15松○
3330	野200か768	16松○
3331	野200か769	16松○

■2PG-MP38FK(MFBM)

3332	野230あ3332	17松○
3333	野230あ3333	17松○
3334	野230あ3334	17松○
3335	野230あ3335	17松○
3336	野230あ3336	18松○
3337	野230あ3337	18松○
3338	野230あ3338	18松○
3339	野230あ3339	18松○
3340	野230あ3340	18松○
3341	野230あ3341	18松○
3343	野230あ3343	18松○
3344	野230あ3344	18松○
3345	野230あ3345	18松○
3346	野230あ3346	18松○
3347	野230あ3347	19松○
3348	野230あ3348	19松○
3350	野230あ3350	19松○
3351	野230あ3351	19松○
バ KS7321	習230あ7321	19橋□
3352	松210あ3352	20松○
3353	松210あ3353	20松○
3354	松210あ3354	22松○

■2PG-MP38FM(MFBM)

バ KS7322	習230あ7322	22橋□
バ KS7323	船210あ7323	22橋□

■KL-MS86MP(MFBM)

フ 6219	成200か1201	(04)成○
フ 6224	成200か1422	(04)成○
フ 6226	成200か1526	(04)成○
グ CG823	千200か1172	(04)佐□
シ C310	千200か2924	(05)港○
シ C324	千230あ324	(05)港○
グ CG704	千200か3004	(05)佐□
フ 6222	成200か1359	(05)成○
フ 6225	成200か1465	(05)成○

■PJ-MS86JP(MFBM)

シ C301	千230あ301	06港○
0303	船210あ303	07習□
レ 273	習200か2158	(07)尾□
バ KS1366	船200か11	(07)橋○

■BKG-MS96JP(MFBM)

5378	千230あ5378	08千○
5379	千230あ5379	08千○
H628	習200か1079	09高○
5380	千230あ5380	09千○
シ C302	千230あ302	09港○
5381	千230あ5381	10千○
5382	千200か2241	10千○

■LKG-MS96VP(MFBM)

5629	千230あ5629	10千○
5383	千200か2273	10千○
5384	千200か2274	10千○
バ KS6368	習230あ6368	10橋□
5385	千200か2280	11千○
バ KS6369	習230あ6369	11橋□
5630	千230あ5630	12千○

■QRG-MS96VP(MFBM)

H631	習200か1397	12高○
フ 6325	成200か1830	(12)成○
フ 6326	成200か1858	(12)成○
H634	習200か1445	12高○
H635	習200か1477	12高○
5386	千200か2438	12千○
バ KS7301	習230あ1301	12橋□
フ 6328	成200か1908	(13)成○
H637	習200か1519	13高○
H638	習200か1522	13高○
H639	習200か1523	13高○
5387	千200か2499	13千○
5388	千200か2502	13千○
H640	習200か1533	13高○
H641	習200か1551	13高○
H643	習200か1552	13高○
H644	習200か1556	13高○
H645	習200か1561	13高○
H646	習200か1564	13高○
5389	千200か2562	13千○
バ KS6370	習230あ6370	13橋□
バ KS6601	習230あ6601	13橋□
バ KS6602	習230あ6602	13橋□
バ KS7303	習230あ1303	13橋□
バ KS7304	習230あ1304	13橋□
5390	千200か2581	14千○
H647	習200か1624	14高○
H648	習200か1625	14高○
H650	習230あ650	14高○
H651	習230あ651	14高○
バ KS6603	習230あ6603	14橋□
5391	千200か2665	15千○
5392	千200か2685	15千○
ト M330	市230あ330	15塩□

■QTG-MS96VP(MFBM)

ト M601	習230あ601	14塩○
ト M602	習230あ602	14塩○
ト M603	習230あ603	14塩○
H654	習230あ654	15高○
フ 6327	成200か1907	(15)成○
バ KS6604	習230あ6604	15橋□
ト M604	習230あ604	16塩○
5393	千230あ5393	17千○
5394	千230あ5394	17千○
5395	千230あ5395	17千○
5396	千230あ5396	17千○
5397	千230あ5397	17千○
ト M605	習230あ605	17塩○

■2TG-MS06GP(MFBM)

ト M606	習230う606	17塩○
H655	習230あ655	18高○
H656	習230あ656	18高○
1301	足230う1301	18奥○
1302	足230う1302	18奥○
1303	足230う1303	18奥○
1304	足230い1304	18奥○
1305	足230い1305	18東○
1306	足230え1306	18奥○
1307	足230え1307	18奥○
1308	足230う1308	18奥○
1309	足230い1309	18東○
1310	足230い1310	18奥○
1311	足230い1311	18奥○
1312	足230い1312	18奥○
1313	足230い1313	18奥○
1314	足230あ1314	18奥○
1315	足230あ1315	18奥○
1316	足230あ1316	18奥○
H657	習230あ657	18高○
ト M607	習230あ607	18塩○
H658	習230あ658	19高○
H659	習230あ659	19高○
H660	習230あ660	19高○
H661	習230あ661	19高○
3611	野230あ3611	19松○
3612	野230あ3612	19松○
1317	足230あ1317	19奥○
1318	足230い1318	19奥○
1319	足230い1319	19奥○
ト M608	習230あ608	19塩○

■2TG-MS06GP改(MFBM)

5398	千230い5398	20千○
H662	習230あ662	20高○

メルセデス・ベンツ
■CITARO-G(BENZ)

4821	習230あ4821	10都○
4822	習230あ4822	10都○
4823	習230あ4823	10都○
4824	習230あ4824	10都○
4826	習230あ4826	10都○
4828	習230あ4828	10都○
4829	習230あ4829	10都○
4830	習230あ4830	10都○
4831	習230あ4831	10都○
4832	習230あ4832	10都○
4833	習230あ4833	10都○
4834	習230あ4834	10都○
4835	習230あ4835	10都○

スカニア
■ASTROMEGA(VANHOOL)

1801	足230あ1801	18奥○

【著者プロフィール】
加藤佳一（かとう よしかず）
1963年東京生まれ。東京写真専門学校（現東京ビジュアルアーツ）卒業。1986年にバス専門誌『バス・ジャパン』を創刊。1993年から『ＢＪハンドブックシリーズ』の刊行を続け、バスに関する図書も多数編集。主な著書に『バスで旅を創る！』（講談社＋α新書）、『一日乗車券で出かける東京バス散歩』（洋泉社新書ｙ）、『路線バス終点の情景』（クラッセ）、『シニアバス旅のすすめ』（平凡社新書）、『バス趣味入門』『ビンテージバスに会いたい！』（天夢人）などがある。ＮＰＯ日本バス文化保存振興委員会理事。日本バス友の会会員。

【写真撮影】
加藤佳一（BJエディターズ）

【校正】
小川章（有限会社クリエイターズ・ファクトリー）

【協力】
京成バス株式会社
ちばフラワーバス株式会社、ちばレインボーバス株式会社、ちばシティバス株式会社
ちばグリーンバス株式会社、京成タウンバス株式会社、京成トランジットバス株式会社
京成バスシステム株式会社

昭和末期〜平成のバス大図鑑 第2巻
京成バス

2023年5月5日　第1刷発行

著　者……………………加藤佳一
発行人……………………高山和彦
発行所……………………株式会社フォト・パブリッシング
　　　　　　　　　　　〒161-0032　東京都新宿区中落合2-12-26
　　　　　　　　　　　TEL.03-6914-0121　FAX.03-5955-8101
発売元……………………株式会社メディアパル（共同出版者・流通責任者）
　　　　　　　　　　　〒162-8710　東京都新宿区東五軒町6-24
　　　　　　　　　　　TEL.03-5261-1171　FAX.03-3235-4645
デザイン・DTP………柏倉栄治（装丁・本文とも）
印刷所……………………株式会社シナノパブリッシングプレス

ISBN978-4-8021-3402-6 C0026